A nyomás alatti főzés teljes útmutatója

100 egészséges és ízletes recept a kukta számára

Milán Borbély

Minden jog fenntartva.

Jogi nyilatkozat

Az ebben az e-könyvben található információk célja, hogy átfogó stratégiák gyűjteményeként szolgáljanak, amelyekről az e-könyv szerzője kutatásokat végzett. Az összefoglalókat, stratégiákat, tippeket és trükköket csak a szerző ajánlja, és ennek az e-könyvnek az olvasása nem garantálja, hogy az eredmények pontosan tükrözik a szerző eredményeit. Az e-könyv szerzője minden ésszerű erőfeszítést megtett annak érdekében, hogy aktuális és pontos információkat nyújtson az e-könyv olvasói számára. A szerző és munkatársai nem vállalnak felelősséget az esetlegesen feltárt nem szándékos hibákért vagy hiányosságokért. Az e-könyvben található anyagok tartalmazhatnak harmadik felektől származó információkat. A harmadik felek anyagai tulajdonosaik véleményét tartalmazzák. Mint ilyen, az e-könyv szerzője nem vállal felelősséget semmilyen harmadik féltől származó anyagért vagy véleményért.

Az e-könyv szerzői joga © 2022, minden jog fenntartva. Ennek az e-könyvnek részben vagy egészben történő újraterjesztése, másolása vagy származékos munkája illegális. A jelentés egyetlen része sem reprodukálható vagy továbbítható semmilyen formában, bármilyen formában a szerző kifejezett és aláírt engedélye nélkül.

TARTALOMJEGYZÉK

TARTALOMJEGYZÉK 3
BEVEZETÉS 6
REGGELI 7
   1. Sajtos poblano frittata 8
   2. Édesburgonyás és tojásos karibi reggeli burritók 11
   3. Kolbász és jalapeño sajt dara 14
ELŐÉTELEK 17
   4. Spenótos articsóka mártogatós 18
   5. Cseresznye chipotle csirkeszárny 21
   6. Elragadóan finom ördögtojás 24
   7. Marha „árpa" leves cirokkal 27
   8. Párolt articsóka fűszeres fokhagymás aiolival 30
   9. Vargányás pástétom kenhető 33
   10. Párolt kukorica 36
LEVESEK ÉS CSILI 38
   11. Fekete bableves korianderes-lime krémmel 39
   12. Fűszeres vajas tökleves 43
   13. Álmodozó krémes paradicsomleves 46
   14. Sütőtök feketebab chili 49
   15. Bordás csili 52
   16. Csirkealaplé 55
   17. Zöldségalaplé 57
   18. Krémes vajtök és gyömbérleves 59
   19. New angliai kagylólé 61
   20. Minifasírt húsleves 64
   21. Fekete bableves 67
   22. Vöröslencse chili 70
   23. Vegetáriánus vidéki chili 72
   24. Párolt pulyka chili 75
   25. Butternut squash és lencseleves 77
   26. Sonkás és pintóbableves 79
SALÁTÁK ÉS KÖRETEK 101
   37. Olasz cannellini és menta saláta 102

38. Fűszeres karfiol és citrus saláta 104
39. Cilantro lime csirke taco saláta 107
40. 1 perces quinoa 110
41. Tökéletes basmati rizs 112
42. Tökéletes jázmin rizs 114
43. Tökéletes barna rizs 116
44. Újra sült bab 118
45. Szicíliai zöldségkeverék 120
46. Klasszikus burgonyapüré 123
47. Sült bababurgonya 126

GABONA ÉS RIZS 128
48. Barnarizs pilaf 129
49. Sós krémes polenta 132
50. Köles és csirke görög saláta 134
51. Tökéletes rizs minden alkalommal 137
52. Quinoa zöldségsaláta citromos vinaigrette-vel 139
53. Sáfrányos rizottó 142
54. Tejszínes mac és sajt ropogós szalonnával 145
55. Klasszikus lasagne húsmártással 148
56. Növényi makaróni saláta 152
57. Garnélarák és tészta citromkrémes szószban 155
58. Sertés bélszín marsala és penne tészta 159

FŐÉTEL 163
59. Klasszikus egészben sült csirke 164
60. BBQ Baby hátsó bordák 166
61. Anyu régimódi.fazéksültje 169
62. Délnyugati fasírt 172
63. Sült pulykamell könnyű mártással 175
64. Garnélarák és gríz 178
65. Csodálatos húsgombóc stroganoff 182
66. Növényi lasagne 185
67. Lencse hanyag Joes 188
68. Sajtos au gratin burgonya 191
69. „Eltalálja a helyet" kelbimbó 194
70. Sós kukoricakenyér 197
71. Kukoricakenyér töltelék 200

72. Krumplipüré 203
73. Piros, fehér és zöld kelbimbó 205
74. Citromos angolborsó és spárga 207
75. Marokkói báránytajine 209
76. Kókuszos hal curry 212
77. Ligur citromos csirke 215
78. Marhasült burgonyával és sárgarépával 218
79. Párolt borda nyálkás rizzsel 221
80. Fűszeres tésztalepkék 223
81. Spárgás tavaszi rizottó 226
82. Csirke és burgonya rizs 229
83. Párolt sertésborda zúzott rizzsel 232
84. Egyszerű chilis colorado fojtott burritók 235
85. Kālua sertéshús 237
86. Easy osso buco 239
87. Földimogyorós csirke és cukorborsó tésztával 242

Desszert **245**
88. Almás fahéjas mazsolás kenyérpuding 246
89. New York-i stílusú sajttorta 249
90. Rizspuding mazsolával 252
91. Egyedi kulcsos lime sajttorták 255
92. Édes, fűszerezett almaszósz 258
93. Dupla csokis fudge sajttorta 260
94. Mexikói csokis font torta 264
95. Csokoládé, narancs és olívaolaj nmini lávatorta 267
96. Piña colada rizspuding 270
97. Crème brûlée 272
98. Málnás sajttorta 275
99. Vörösborban párolt körte 278
100. Limoncello ricotta sajttorta üvegben 281

Következtetés **284**

BEVEZETÉS

A kukta egy hermetikusan lezárt edény, amely gőzhőt termel az ételek gyors elkészítéséhez. A kukta először 1679-ben jelent meg Papin's Digester néven, amelyet feltalálójáról, a francia származású fizikusról, Denis Papinról neveztek el. A tűzhely felmelegíti a vizet, hogy nagyon forró gőzt állítson elő, ami az edény belsejében 130 °C-ra kényszeríti a hőmérsékletet, ami lényegesen magasabb, mint egy hagyományos serpenyőben lehetséges maximális hő. A kukta magasabb hőmérséklete gyorsan behatol az ételbe, így lerövidül a főzési idő anélkül, hogy a vitamin- és ásványianyag-tartalom csökkenne.

A nagynyomású főzőedények különösen hasznosak nagy magasságban, ahol enyhítik a csökkentett légköri nyomás okozta alacsony hőmérsékletű forráspont problémáját.

REGGELI

1. Sajtos poblano frittata

ÖSSZETEVŐK

1 evőkanál (15 ml) olíva- vagy növényi olaj 1/4 csésze (40 g) finomra vágott hagyma
2 poblano paprika kimagozva és apróra vágva
1 piros kaliforniai paprika kimagozva, kimagozva és apróra vágva
1 evőkanál (1 g) finomra darált friss korianderlevél, plusz még a díszítéshez
1/2 teáskanál őrölt kömény
6 nagy tojás
1 csésze (235 ml) fele-fele
1/2 teáskanál kóser vagy finom tengeri só
1/4 teáskanál frissen őrölt fekete bors
1 csésze (120 g) reszelt Colby vagy cheddar sajt, osztva
A főzőedényhez
11/2 csésze (355 ml) víz

ÚTVONALAK

Egy 7 x 3 hüvelykes (18 x 6 cm) kerek tepsit permetezzen be tapadásmentes növényi főzőpermettel (ne használjon lisztes fajtát). Tépj le egy akkora fóliát, hogy befedje a serpenyőt, és permetezd be az egyik oldalát főzőpermettel.

Nyomja meg a Sauté-t az elektromos gyorsfőzőn. Adja hozzá az olajat a belső edényhez. Amikor csillogó és forró, hozzáadjuk a hagymát és a paprikát. Főzzük, gyakran kevergetve, hogy bevonja az olajat, amíg megpuhul, körülbelül 5 percig.

Hozzákeverjük a koriandert és a köményt. Nyomja meg a Mégse gombot. Tedd át a zöldségeket egy tálba.

Törölje ki a belső edényt, tegyük vissza a gyorsfőző edénybe, tegyünk az aljába egy edényt, és öntsük fel a vízzel.

Egy tálban habosra keverjük a tojásokat, fele-fele arányban sózzuk, borsozzuk. Keverje hozzá a főtt hagymát, paprikát és

3/4 csésze (90 g) sajtot. Az előkészített tepsibe öntjük. Szórja meg a maradék 1/4 csésze (30 g) sajtot a tetejére. Fedjük le a tetejét a fóliával, szórt oldalukkal lefelé, a serpenyő szélein csavarjuk körbe. Egy heveder segítségével engedje le a belső edénybe.

Zárja le és zárja le a fedelet, ügyelve arra, hogy a gőzkioldó fogantyú tömítő helyzetben legyen. Főzzük nagy nyomáson 20 percig. Ha végzett, engedje természetes módon a nyomást 10 percig, majd fordítsa el a gőzkioldó fogantyút szellőztetésre, és engedje el a maradék gőzt. Nyissa ki a fedelet, és óvatosan nyissa ki.

A heveder segítségével emelje ki a serpenyőt az edényből. Tegye rácsra, és óvatosan távolítsa el a fóliát. Papírtörlővel törölje le a felesleges folyadékot a frittata tetejéről. Ha szeretné, a serpenyőt a brojler alá is helyezheti, hogy színt adjon a tetejének.

Vágja szeletekre, egy spatulával helyezze a darabokat a tálaló tányérokra, és szórja meg a tetejét további apróra vágott korianderrel, ha szükséges. Forrón tálaljuk.

2. Édesburgonyás és tojásos karibi reggeli burritók

ÖSSZETEVŐK
A BURGONYÁHOZ
1 csésze (235 ml) víz vagy zöldségalaplé
1/2 font (227 g) édesburgonya, meghámozva és apró kockákra vágva
Kóser vagy finom tengeri só és frissen őrölt fekete bors

A töltelékhez
2 evőkanál (30 ml) olíva- vagy növényi olaj, elosztva
1/2 hagyma, apróra vágva
1/2 piros kaliforniai paprika kimagozva és apróra vágva
1 teáskanál chipotle por
1 csésze (240 g) feketebabkonzerv, leöblítve és lecsepegtetve
6 nagy tojás

ÖSSZESZERELÉSRE
4 nagy tortilla
1/2 csésze (120 g) salsa, például paradicsom, salsa verde, salsa roja vagy pico de gallo
1 csésze (120 g) reszelt Monterey Jack, borsos Jack vagy Colby sajt
Frissen facsart limelé Friss korianderlevél, apróra vágva

ÚTVONALAK
KRUMPLI
Öntse a vizet az elektromos gyorsfőző belső edényének aljába. Helyezzen egy párolókosarat az edénybe, és halmozza bele a burgonyát. Zárja le és zárja le a fedelet, ügyelve arra, hogy a gőzkioldó fogantyú tömítő helyzetben legyen. Főzzük nagy nyomáson 2 percig. Természetesen engedje el a nyomást 2 percig, majd gyorsan engedje fel a maradék nyomást a gőzkioldó fogantyú szellőztetésbe forgatásával. Nyomja meg a Mégse gombot. Nyissa ki a fedelet, és óvatosan nyissa ki. A burgonyát

kiemeljük az edényből, sózzuk, borsozzuk, félretesszük és melegen tartjuk. A burgonyát egy nappal előre megfőzheti, és felmelegítheti a tojás főzése és a burritók összeállítása előtt.

TÖLTŐ

Amíg a burgonya fő, egy 10 hüvelykes (25 cm-es) serpenyőben hevíts fel 1 evőkanál (15 ml) olajat, és főzd meg a hagymát és a borsot 5 percig, hogy kissé megpuhuljon. Adja hozzá a chipotle port és a babot a serpenyőbe, melegítse fel. Egy lyukas kanál segítségével tegyük át a zöldségeket egy tálba, és fedjük le, hogy melegen tartsák.

Adja hozzá a maradék 1 evőkanál (15 ml) olajat a serpenyőbe. A tojásokat egy tálban felverjük, majd a serpenyőbe öntjük, és folyamatos keverés mellett habosra főzzük. Vegyük le a serpenyőt a tűzről. A tojásokat spatula segítségével apróra vágjuk. A babot és a zöldségeket a tojásokhoz keverjük, és melegen tartjuk.

ÖSSZESZERELÉS

Enyhén felmelegítjük a tortillákat, és mindegyikre rétegezzük a burgonya egynegyedét és a tojások egynegyedét. A tetejére
2 evőkanál (30 g) a salsa és kb
1/4 csésze (30 g) reszelt sajt.
Meglocsoljuk egy kis lime levével és egy kis korianderrel, óvatosan feltekerjük, és melegen tálaljuk. Ha érzékenyek és szakadásra hajlamosak, villával fogyasszuk el.

Kitermelés: 4 adag

3. Kolbász és jalapeño sajt dara

ÖSSZETEVŐK

3 evőkanál (45 ml) olíva- vagy növényi olaj, elosztva
1/2 font nyers (227 g) enyhe házi kolbász
1/4 csésze (40 g) apróra vágott hagyma
1/2 jalapeño bors, finomra aprítva, vagy több ízlés szerint
1 csésze (140 g) kőre őrölt gríz (nem instant dara)
3 csésze (705 ml) hideg víz
11/2 csésze (355 ml) fél- vagy sűrű tejszín
2 teáskanál (12 g) kóser vagy finom tengeri só
1 csésze (120 g) reszelt cheddar sajt, osztva

ÚTVONALAK

Nyomja meg a Saute-t, és melegítsen fel 1 evőkanál (15 ml) olajat az elektromos gyorsfőző belső edényében. Amikor felforrósodott, hozzáadjuk a kolbászt, és gyakran kevergetve addig főzzük, amíg teljesen megpirul. Törje szét a keletkező csomókat, hogy a darabok kicsik és könnyen fogyaszthatók legyenek. Adjuk hozzá a hagymát és a jalapenót, és keverjük össze. Körülbelül 3 percig főzzük, hogy a zöldségek megpuhuljanak. Tedd át egy tálba és tedd félre.

Adja hozzá a maradék 2 evőkanál (30 ml) olajat és a grízt a belső edénybe, és főzze gyakran kevergetve 1 percig, amíg az olaj fel nem szívódik, és a dara enyhén megpirul. Keverje hozzá a vizet, fele-fele arányt és sót. Nyomja meg a Mégse gombot. Zárja le és zárja le a fedelet, ügyelve arra, hogy a gőzkioldó fogantyú tömítő helyzetben legyen. Főzzük nagy nyomáson 10 percig. Ha végzett, engedje természetes módon a nyomást 10 percig, majd fordítsa el a gőzkioldó fogantyút szellőztetésre, és engedje el a maradék gőzt. Nyissa ki a fedelet, és óvatosan nyissa ki.

A grízt simára verjük. Ha túl sűrűek és nehezek, adjon hozzá egy evőkanál (15 ml) tejet vagy még többet, hogy krémes állagot kapjon. A kolbászos keveréket a darához keverjük. Adjuk hozzá a sajt felét, és addig keverjük, amíg el nem olvad. Tálalótálakba kanalazzuk, és a maradék sajttal megszórjuk. Azonnal tálaljuk.

Kitermelés: 4 adag

ELŐÉTELEK

4. Spenótos articsóka mártogatós

ÖSSZETEVŐK

1 (10 uncia vagy 280 g) csomag fagyasztott spenót, felengedve, apróra vágva és jól lecsepegtetve
1 (14 uncia vagy 392 g) konzerv articsóka szíve, lecsepegtetve és durvára vágva
4 gerezd fokhagyma, felaprítva
1/2 csésze (80 g) apróra vágott hagyma
1 (8 uncia vagy 227 g) tömbkrémsajt szobahőmérsékletűre lágyítva és kockákra vágva
1 csésze (100 g) reszelt parmezán sajt
1 csésze (120 g) reszelt mozzarella sajt
1/2 csésze (120 g) tejföl vagy natúr görög joghurt
1/2 teáskanál só
3/4 teáskanál frissen őrölt fekete bors 1/8 teáskanál cayenne bors
2 csésze (470 ml) vizes keksz, tálaláshoz

ÚTVONALAK

Egy nagy tálban vagy az álló mixer edényében keverje össze a spenótot, az articsókát, a fokhagymát, a hagymát, a krémsajtot, a parmezánt, a mozzarellát, a tejfölt és a fűszereket. Jól keverjük össze, amíg teljesen be nem épül.

Kanalazzuk a keveréket egy enyhén kivajazott, 4 literes sütőedénybe vagy egy 7 x 3 hüvelykes (18 x 6 cm) tortaformába, amely elfér a gyorsfőzőedben. A tepsit szorosan lefedjük alufóliával.
Helyezzen egy dugót a kukta belső edényének aljára, és öntse hozzá a vizet.

Egy fóliaheveder segítségével óvatosan engedje le a serpenyőt a gyorsfőző edénybe. Hajtsa le a fóliacsíkokat, hogy ne zavarják a fedél zárását.
Zárja le és zárja le a fedelet, ügyelve arra, hogy a gőzkioldó gomb tömítő helyzetben legyen. Főzzük nagy nyomáson 10 percig. Amikor a főzési idő lejárt, használja a gyorskioldót a kioldógomb kinyitásával és az összes gőz kiengedésével. Amikor az úszócsap leesik, nyissa ki a fedelet, és óvatosan nyissa ki. Távolítsa el a fóliával letakart edényt a hevederrel, és ellenőrizze, hogy a sajt teljesen elolvadt-e. Keverjük össze. Ha szereti a ropogós tetejét, csúsztassa a rakott edényt a broiler alá 2 percre, amíg a sajt aranybarna színű lesz. Óvatosan nézd meg, nehogy megégjen.
Melegen tálaljuk keksszel.

Kitermelés: 10 adag

5. Cseresznye chipotle csirkeszárny

ÖSSZETEVŐK

1/4 csésze (56 g) vaj
1 csésze (240 g) nem ketchup cseresznye chips szósz (vagy kedvenc BBQ/hot wing szósz)
1 evőkanál (15 ml) növényi olaj
3-4 font (1362-1816 g) csirkeszárny
Só és bors ízlés szerint
1 csésze (235 ml) csirke alaplé ranch öntet, tálaláshoz
Sárgarépa és zeller rudak, tálaláshoz

ÚTVONALAK

Egy kis serpenyőben olvasszuk fel a vajat alacsony lángon, majd adjuk hozzá a chipotle szószt. Lassú tűzön főzzük, folyamatosan kevergetve, hogy összeálljon. Óvatosan pároljuk 6-8 percig, vagy amíg a szósz sűrűsödni kezd. Félretesz, mellőz.

Nyomja meg a Sauté-t az elektromos gyorsfőzőn. Amikor a belső edény felforrósodott, hozzáadjuk az olajat. A csirkeszárnyakat tegyük az edénybe, és ízesítsük sóval, borssal. 5 percig pirítsuk őket mindkét oldalukon. Tálaló tányérra szedjük.

A belső edénybe öntsük a csirkehúslevet. Fakanállal finoman kaparja fel a megbarnult darabokat a serpenyő aljáról.
A főzőedény aljába tegyünk egy kendőt az aplére. Helyezze a megbarnult szárnyakat a tányérra, ügyelve arra, hogy a szárnyak ne érjenek hozzá a húsleveshez.
Zárja le és zárja le a fedelet, ügyelve arra, hogy a gőzkioldó gomb tömítő helyzetben legyen. Főzzük nagy nyomáson 5 percig.
A főzési idő lejárta után hagyjon 5 percig természetes

felszabadulást, majd tegyen egy gyors felengedést, hogy a maradék gőzt kiengedje. Amikor az úszócsap leesik, nyissa ki a fedelet, és óvatosan nyissa ki.

Egy tepsit kibélelünk alufóliával. Vegye ki a csirkeszárnyakat a gyorsfőzőből, és helyezze a bélelt tepsire. Ha van olyan rácsod, ami belefér a tepsibe, még jobb! A szárnyak körül keringő levegő, amint az állványon ülnek, extra ropogóssá teszi a szárnyakat. Ha nincs rácsunk, akkor csak tegyük a szárnyakat a fóliával bélelt tepsire. Ettől még ropogósak lesznek.

Bőségesen megkenjük a szárnyakat a meleg szósszal, és megsütjük

7 perc mindkét oldalon. Ha nem elég ropogós, süsse még 2-3 percig mindkét oldalát.

Kivesszük a sütőből, és ha szükséges, a szárnyakat gyorsan a maradék szószba dobjuk. Tálaljuk ranch öntettel, néhány sárgarépa- és zellerrúddal.

Kitermelés: 6 adag

6. Elragadóan finom ördögtojás

ÖSSZETEVŐK
A KEMÉNY TOJÁSHOZ
1 csésze (235 ml) hideg víz
12 nagy tojás, közvetlenül a hűtőből. Nagy tál víz jéggel
AZ ÖRDÖGTOJÁSOKNAK
12 kemény tojás
2/3 csésze (160 g) majonéz
1 evőkanál (6 g) száraz mustárpor
2 teáskanál (10 ml) csípős szósz Só, bors ízlés szerint Füstölt paprika, díszítéshez
Mogyoróhagyma, átlósan szeletelve, csak zöld részek, díszítésnek

ÚTVONALAK
KEMÉNYRE FŐTT TOJÁS
Öntse a hideg vizet a belső főzőedénybe. Helyezzen egy gőzrácsot vagy dugót a kukta belső edényébe. Helyezze a tojásokat a tálcára.
Zárja le és zárja le a fedelet, ügyelve arra, hogy a gőzkioldó gomb tömítő helyzetben legyen. Főzzük nagy nyomáson 6 percig (attól függően, hogy mennyire puhára vagy keményre szeretjük a sárgáját). Természetesen engedje el a nyomást 6 percig, majd nyissa ki a fedelet és óvatosan nyissa ki. Kapcsolja ki a gépet. Vegye ki a tojásokat, és azonnal mártsa bele a jeges vizes tálba, hogy leállítsa a főzést. Hagyja őket ülni 6-10 percig. Ha azonnal tálaljuk, a tojásokat folyó víz alatt meghámozzuk. A hámozatlan tojást legfeljebb 1 hétig tárolja hűtőszekrényben.
ZÁPTOJÁSOK
A kemény tojásokat meghámozzuk és félbevágjuk. A sárgáját kivesszük és félretesszük.

Egy konyhai robotgép edényében addig verjük a kemény tojássárgákat, amíg sárga homokra nem hasonlítanak. Adjuk hozzá a majonézt, a mustárt és a forró szószt. Addig keverjük, amíg a keverék sima és krémes nem lesz. Ha nincs konyhai robotgéped, egy közepes tálban keverd össze a hozzávalókat, és használd kézi mixerrel a kívánt állagot. Sózzuk, borsozzuk ízlés szerint.

Töltsük meg a tojásfehérje mélyedéseit a sárgás keverékkel. Díszítésképpen megszórjuk füstölt paprikával és mogyoróhagymával.

Kitermelés: körülbelül 24 adag

7. Marha „árpa" leves cirokkal

ÖSSZETEVŐK

2 evőkanál (30 ml) olíva- vagy növényi olaj
11/2 font (680 g) marhahússült, zsírt vágva, és a húst 1 hüvelykes (5 cm-es) kockákra vágva
1 nagy hagyma, apróra vágva
2 gerezd fokhagyma, felaprítva
2 sárgarépa, vágva és apróra vágva
2 szár zeller, levágva és felaprítva
1 evőkanál (15 g) paradicsompüré
1 teáskanál darált friss rozmaringlevél
1 teáskanál friss kakukkfű levél
61/2 csésze (1528 ml) marhahúsleves vagy bolti húsleves
1 csésze (200 g) teljes kiőrlésű cirok, leöblítve és lecsepegtetve
2 babérlevél
Kóser vagy finom tengeri só és őrölt fekete bors ízlés szerint

ÚTVONALAK

Nyomja meg a Sauté-t, és öntse az olajat az elektromos gyorsfőző belső edényébe. A marhahúst minden oldalról megpirítjuk, adagokban dolgozva, hogy maradjon hely a darabok között, miközben főnek. Tegye át a barnított marhahúst egy tányérra; félretesz, mellőz.

Adjuk hozzá a hagymát és a fokhagymát az edényben lévő olajhoz. Főzzük gyakran kevergetve, amíg a hagyma el nem kezd puhulni, körülbelül 3 percig. Keverje hozzá a sárgarépát, a zellert, a paradicsompürét, a rozmaringot és a kakukkfüvet. Főzzük még 3 percig, rendszeresen kevergetve. Öntsük fel az alaplével, és kaparjuk meg a serpenyő alját, hogy a megbarnult darabok kiszabaduljanak. Adjuk hozzá a cirokot és a babérlevelet. Tegye vissza a marhahúst az edénybe. Nyomja meg a Mégse gombot.

Zárja le és zárja le a fedelet, ügyelve arra, hogy a gőzkioldó fogantyú tömítő helyzetben legyen. Főzzük nagy nyomáson 40 percig. Ha kész, engedje el a nyomást természetes módon 10 percig, majd fordítsa el a gőzkioldó fogantyút légtelenítésre, és engedje el a maradék gőzt. Nyissa ki a fedelet, és óvatosan nyissa ki.
Kóstoljuk meg a húslevest, és ízlés szerint sózzuk, borsozzuk a fűszerezést. Távolítsa el és dobja ki a babérleveleket. Tálkákba öntjük és tálaljuk.

Kitermelés: Körülbelül 4 adag

8. Párolt articsóka fűszeres fokhagymás aiolival

ÖSSZETEVŐK

3 közepes articsóka
3 evőkanál (45 g) natúr görög joghurt
1 egész citrom negyedekre vágva
2 evőkanál (30 g) majonéz
1 csésze (235 ml) víz
4 gerezd fokhagyma, felaprítva
1/4 csésze (60 ml) citromlé
1/2 teáskanál cayenne bors
3 gerezd fokhagyma, összetörve
1/4 teáskanál fokhagyma por
1/2 teáskanál durvára őrölt fekete bors
Csipet só
vaj, egy kis kapor és egy kis reszelt parmezán sajt.

ÚTVONALAK
ARTICSÓKA

Fogazott késsel vágja le minden articsóka felső harmadát. Vágja le a szárakat a tövénél. Az articsókát jól öblítsük le. Dörzsölje át a citromnegyedek egyikét az articsóka levágott tetején, hogy ne barnuljon meg.

Adjuk hozzá a citromnegyedeket, a vizet, a citromlevet és a fokhagymát az edénybe. Helyezzen egy gőzrácsot vagy dugót a kukta belső edényébe. Helyezze az articsókát a tálcára.

Zárja le és zárja le a fedelet, ügyelve arra, hogy a gőzkioldó gomb tömítő helyzetben legyen. Főzzük nagy nyomáson 10 percig. Amikor a sütési idő lejárt, használja a gyorskioldó utasításokat. Állítsa a kioldó gombot szellőztető helyzetbe, és engedje ki az összes gőzt. Amikor az összes gőzt kiengedte, és az úszócsap leesik, nyissa ki a fedelet, és óvatosan nyissa ki.

Húzzon le egy articsókalevelet, hogy ellenőrizze a készséget; minden ellenállás nélkül le kell jönnie. Óvatosan emelje ki az articsókát a kukta belső edényéből egy csipesszel. Tedd félre hűlni, amíg elkészíted az aiolit.

AIOLI
Egy közepes tálban keverje össze az aioli összes összetevőjét, és keverje simára.
Tálaljuk az articsókát egy tányéron az aiolival.

Kitermelés: 6 adag

9. Vargányás pástétom kenhető

4-6
ÖSSZETEVŐK

¾ csésze (175 ml) száraz vargánya, leöblítve
1 csésze (250 ml) forrásban lévő víz
1 evőkanál (15 ml) sótlan vaj
1 evőkanál (15 ml) olívaolaj
1 medvehagyma, szeletelve
1 font (500 g) friss cremini vagy fehér gomba, vékonyra szeletelve
¼ csésze (50 ml) száraz fehérbor
1 ½ teáskanál (7 ml) só
½ teáskanál (3 ml) fehér bors
1 babérlevél
1 evőkanál (15 ml) extraszűz olívaolaj (vagy fehér szarvasgomba olaj)
3 evőkanál (45 ml) parmigiano reggiano sajt finomra reszelve

Egy hőálló mérőedénybe adjuk hozzá a száraz vargányát. Ezután öntsünk forrásban lévő vizet a gombára. Fedjük le szorosan és tegyük félre.
Nyomja meg a [Sauté] gombot a tűzhely előmelegítéséhez. Amikor a „forró" szó megjelenik a kijelzőn, adja hozzá a vajat és az olívaolajat. Ezután pároljuk a medvehagymát, amíg el nem kezd puhulni. Hozzáadjuk a friss gombát, és legalább egyik oldalát aranybarnára pirítjuk.
Felöntjük a borral, és hagyjuk teljesen elpárologni. Ezután adjuk hozzá a vargányát és az áztató folyadékot, sózzuk, borsozzuk és a babérlevelet.
Csukja be és zárja le az Instant Pot fedelét. Nyomja meg a [Nyomás alatti főzés] gombot, majd a [+] vagy [-] gombbal állítsa be a 12 perces nyomás alatti főzési időt. Ha lejár az idő, nyissa ki a tűzhelyet a gyorsnyomással.
Távolítsa el és dobja ki a babérlevelet. Hozzáadjuk az olívaolajat, és az edény tartalmát botmixerrel pürésítjük.

10. Párolt kukorica

4-6
ÖSSZETEVŐK
6 friss kukorica

Hámozza meg és öblítse le a kukoricát.
Helyezze a gőztartót az Instant Pot belsejébe. Töltse fel a belső edényt 2 csésze (500 ml) vízzel. Halmozzon kukoricát a gőztartóra. Zárja le a fedelet, és fordítsa el a gőzkioldó fogantyút tömítési helyzetbe. Válassza a [Gőz] lehetőséget, és állítsa be a [+] vagy [-] gombot a 12 perces főzési idő beállításához. Gőz kukorica.

Ha kész, várjon még 5 percet. Nyissa ki a kuktát a Natural Release funkcióval (lásd 7. oldal).

LEVESEK ÉS CSILI

11. Fekete bableves korianderes-lime krémmel

ÖSSZETEVŐK
A LEVESHEZ
2 csésze (480 g) szárított fekete bab
2 evőkanál (30 ml) olívaolaj
1 nagy hagyma, apróra vágva
1 nagy piros kaliforniai paprika kimagozva, kimagozva és apróra vágva
2 szár zeller, megtisztítva és apróra vágva
1 gerezd fokhagyma, felaprítva
1 evőkanál (3 g) szárított oregánó
1 evőkanál (6 g) őrölt kömény 11/2 teáskanál kóser só
1/2 teáskanál frissen őrölt fekete bors
1/2-1 teáskanál chipotle por, ízlés szerint
4 csésze (940 ml) zöldségalaplé vagy víz, elosztva
1/2-1 friss lime leve

CILANTRO-LIME KRÉMHEZ (TEJMENTES ÉS VEGÁN KIHAGYÁS)
3/4 csésze (180 g) tejföl
1/2-1 friss lime leve
1/4 csésze (4 g) friss korianderlevél, jól öblítve és szárazra törölve
1/2-1 teáskanál chipotle por, ízlés szerint
Kóser vagy finom tengeri só és őrölt fehér bors ízlés szerint

VÁLASZTHATÓ KÖRETEKHEZ
Apróra vágott friss korianderlevél
Apróra vágott mogyoróhagyma
Érett paradicsom apróra vágva
Friss lime szeletek

ÚTVONALAK
LEVES
Válogassa szét a babot, dobja ki a kavicsokat vagy törmeléket, öblítse le jól, és csepegtesse le. Tegyük egy nagy tálba, és öntsük fel friss vízzel. Lazán letakarjuk, és egy éjszakára félretesszük. Csepegtessük le, mielőtt a leveshez adjuk.
Nyomja meg a Sauté gombot az elektromos gyorsfőzőjén. Adjuk hozzá az olajat a belső edénybe, és ha forró, adjuk hozzá a hagymát, a kaliforniai paprikát és a zellert. Főzzük gyakran kevergetve, amíg a zöldségek megpuhulnak, körülbelül 4 percig. Adjuk hozzá a fokhagymát, az oregánót, a köményt, a sót, a borsot és a chipotle-port. Keverjük össze, hogy az összes zöldséget egyenletesen bevonja a fűszerekkel. Adjon hozzá 1 csésze (235 ml) alaplevet, és kaparja le az edény alját, hogy a megbarnult darabok kiszabaduljanak. Öntsük bele a maradék 3 csésze (705 ml) alaplevet és a beáztatott és lecsepegtetett feketebabot; jól keverjük össze. Nyomja meg a Mégse gombot. Zárja le és zárja le a fedelet, ügyelve arra, hogy a gőzkioldó fogantyú tömítő helyzetben legyen. Főzzük nagy nyomáson 12 percig.

CILANTRO-LIME KRÉM
A tejfölt, a lime levét (kezdje 1/2 lime levével), a koriandert és a chipotle port egy robotgépben összedolgozzuk. Addig járassa a motort, amíg a fűszernövények teljesen pépesre és sima nem lesznek. Kóstoljuk meg, sózzuk, borsozzuk.
Adjon hozzá több lime levet vagy koriandert, ha merészebb, élénkebb ízt szeretne, de ne feledje, hogy az ízek idővel felerősödnek. Tedd át egy tálba és tedd félre.

FEJEZZE MEG A LEVEST
Amikor elkészült a leves, engedje el természetes módon a nyomást 10 percig, majd fordítsa el a gőzkieresztő fogantyút

szellőztetésre, és engedje el a maradék gőzt. Nyissa ki a fedelet, és óvatosan nyissa ki.

Használjon botmixert a leves pürésítéséhez, vagy tegye át egy turmixgépbe, és adagonként pürésítse. A bab egy részét egészben hagyhatja a darabosabb állag érdekében, vagy pürésítheti egészen simára. Keverje hozzá a friss lime levét. Kóstoljuk meg és igazítsuk hozzá a fűszereket. Öntsük a tálakba, adjunk hozzá egy kanál tejszínt (ha használunk), tegyük a tetejére a kívánt köreteket, és tálaljuk.

Kitermelés: Körülbelül 6 adag

12. Fűszeres vaj tök leves

ÖSSZETEVŐK

1 nagy vaj tök
3 evőkanál (45 ml) olíva- vagy növényi olaj, elosztva
2 nagy medvehagyma, darálva
3 szár zeller, levágva és apróra vágva
2 sárgarépa, vágva és apróra vágva
2 teáskanál friss kakukkfű levél
2 gerezd fokhagyma, felaprítva
3 csésze (705 ml) zöldségalaplé
2 evőkanál (30 ml) juharszirup vagy agave szirup, vagy ízlés szerint
1 teáskanál kóser vagy finom tengeri só
1/2 teáskanál frissen őrölt fekete bors
1/4 teáskanál csípős szósz, vagy ízlés szerint
Apróra vágott metélőhagyma, díszítéshez

ÚTVONALAK

Helyezze a tököt a mikrohullámú sütőbe, és melegítse 1-2 percig. Ez megpuhítja a kérget, és könnyebbé és biztonságosabbá teszi a vágást. Egy nagy, éles késsel vágd negyedekre a tököt, kapard ki a magokat és a szálakat, és hámozd meg a darabokat. Vágjuk kockákra.

Nyomjuk meg a Saute-t és öntsük az olajat a belső edénybe. Amikor felforrt, adjuk hozzá a medvehagymát, a zellert, a sárgarépát és a kakukkfüvet, és főzzük 4 percig, gyakran kevergetve, vagy amíg megpuhul. Adjuk hozzá a fokhagymát és főzzük 30 másodpercig. Adjon hozzá 1 csésze (235 ml) alaplevet az edényhez, és kaparja le az alját, hogy a megbarnult darabok kiszabaduljanak. Adja hozzá a maradék 2 csésze (470 ml) alaplevet, a juharszirupot, sót, borsot, csípős szószt és tököt. Nyomja meg a Mégse gombot.

Zárja le és zárja le a fedelet, ügyelve arra, hogy a gőzkioldó fogantyú tömítő helyzetben legyen. Főzzük nagy nyomáson 9 percig. Ha kész, engedje el természetes módon a nyomást 10 percig, majd engedje el a fennmaradó nyomást a gőzkioldó fogantyú szellőztetésbe forgatásával. Amikor a nyomásszelep leesik, nyissa ki a fedelet, és óvatosan nyissa ki. Ellenőrizze, hogy a tök villára érzékeny-e. Ha több időre van szüksége, tegye vissza a fedőt, állítsa vissza a nyomást, és főzze további 2-3 percig.

Egy turmixgép segítségével pürésítse a levest közvetlenül a belső edényben, vagy tegye át a leves felét egyszerre egy turmixgépbe, és adagonként pürésítse. Kóstoljuk meg a levest, és ízlés szerint igazítsuk hozzá a fűszereket. Ha túl sűrű a leves, adjunk hozzá még egy kis alaplevet vagy vizet. Öntsük tálakba, szórjuk meg a metélőhagymával, és forrón tálaljuk.

Kitermelés: 4-6 adag

13. Álmodozó krémes paradicsomleves

ÖSSZETEVŐK

2 evőkanál (28 g) vaj vagy (30 ml) olívaolaj elosztva
1 közepes hagyma, apróra vágva
3 sárgarépa, apróra vágva
3 szár zeller, apróra vágva
1/2 piros kaliforniai paprika kimagozva és apróra vágva
1 gerezd fokhagyma, felaprítva
2 csésze (470 ml) csirke alaplé
Körülbelül 50 uncia (1500 g) apróra vágott vagy zúzott paradicsom
2 teáskanál (1 g) szárított oregánó
2 teáskanál (1 g) szárított bazsalikom
1/2 teáskanál szárított zúzott rozmaring
1 babérlevél
1 teáskanál kristálycukor
2 teáskanál (12 g) kóser vagy finom tengeri só
1 teáskanál frissen őrölt fekete bors
1/2 csésze (120 ml) tejszín vagy fele-fele
2 evőkanál (4 g) finomra aprított friss bazsalikomlevél, plusz egész levelek díszítéshez

ÚTVONALAK

Nyomja meg a Sauté-t, és melegítse fel az elektromos gyorsfőző belső edényét. Olvassz fel 1 evőkanál (14 g) vajat. Adjuk hozzá a hagymát, a sárgarépát, a zellert és a kaliforniai paprikát, és kevergetve 3 percig főzzük, hogy megpuhuljanak. Keverjük hozzá a fokhagymát, és főzzük 30 másodpercig. Adjuk hozzá az alaplevet, a paradicsomot, a fűszernövényeket, a cukrot, a sót és a borsot. Keverjük össze. Nyomja meg a Mégse gombot.

Zárja le és zárja le a fedelet, ügyelve arra, hogy a gőzkioldó fogantyú tömítő helyzetben legyen. Főzzük nagy nyomáson 5 percig. Ha végzett, engedje természetes módon a nyomást 10 percig, majd fordítsa el a gőzkioldó fogantyút szellőztetésre, és engedje el a maradék gőzt. Nyissa ki a fedelet, és óvatosan nyissa ki. Nyomja meg a Mégse gombot.

Távolítsa el és dobja ki a babérlevelet. Keverje hozzá a maradék 1 evőkanál (14 g) vajat, és keverje, amíg el nem olvad. Egy turmixgép segítségével pürésítse a levest az edényben. Használhat turmixgépet is, de adagonként pürésítse – a forró folyadékok kitágulnak!

Hozzákeverjük a tejszínt és az apróra vágott bazsalikomot. Kóstolja meg, és ha szükséges, módosítsa a fűszereket. Merőkanálba öntjük, bazsalikomlevéllel díszítjük, és tálaljuk.

Kitermelés: Körülbelül 4 adag

14. Tök fekete bab chili

Kitermelés: 6 adag

ÖSSZETEVŐK

1 (28 uncia, vagyis 784 g) doboz tűzön sült kockára vágott paradicsom, a levét is beleértve
1 nagy poblano paprika kimagozva és apróra vágva
2 jalapeño paprika kimagozva és darálva
1 chipotle paprika adobo konzerv chipotle-ból, apróra vágva
1 közepes sárga hagyma, apróra vágva
4 gerezd fokhagyma, felaprítva
11/2 csésze (210 g) apróra vágott dió, pirítva
2 csésze (400 g) vöröslencse
1 evőkanál (15 ml) szósz chipotlesből adoboban
2 teáskanál (12 g) só
3 evőkanál (24 g) chilipor
2 evőkanál (14 g) füstölt paprika
7 csésze (1645 ml) zöldségleves, osztva
1 (14 uncia vagy 392 g) konzerv sütőtökpüré (nem pite töltelék)
2 (15 uncia vagy 438 g) doboz fekete bab, jól öblítve és lecsepegtetve

VÁLASZTHATÓ KÖRETEKHEZ

Avokádó szeletek
Lime ékek
Apróra vágott friss koriander
Sós kukorica kenyér

ÚTVONALAK

Helyezze a paradicsomot, a paprikát, a hagymát, a fokhagymát, a diót, a lencsét és a fűszereket az elektromos gyorsfőző belső edényébe. Keverj hozzá 6 csésze (1410 ml) zöldségalaplét. Zárja le és zárja le a fedelet, ügyelve arra, hogy a gőzkioldó gomb tömítő helyzetben legyen. Főzzük nagy nyomáson 30 percig.

Amikor a főzési idő lejárt, hajtsa végre a gyors kioldást a kioldógomb kinyitásával és az összes gőz kiengedésével. Amikor az úszócsap leesik, nyissa ki a fedelet, és óvatosan nyissa ki. Keverje hozzá a sütőtök pürét, a fekete babot és a 1/2 csésze (120 ml) maradék alaplevet. Zárja vissza a fedelet, és hagyja, hogy a bab körülbelül 5 percig felmelegedjen. Ha a chili túl sűrű, adjuk hozzá a maradék 1/2 csésze (120 ml) alaplevet, és jól keverjük össze.

Ízlés szerint avokádóval, lime szeletekkel, korianderrel és kukoricakenyérrel tálaljuk.

15. Bordázott chili

ÖSSZETEVŐK
2 evőkanál (30 ml) olíva- vagy növényi olaj
1 font (454 g) sovány darált marhahús
1 font (454 g) ömlesztett őrölt kolbász vagy házi kolbász
1 nagy hagyma, felkockázva
3 sárgarépa vágva és felkockázva
2 poblano paprika kimagozva és felkockázva
1 kaliforniai paprika kimagozva, kimagozva és felkockázva
2 jalapeño paprika kimagozva és darálva
28 uncia konzerv kockára vágott paradicsom a levével együtt
1/2 csésze (120 ml) marhahúsleves vagy víz
evőkanál (15 ml) Worcestershire szósz
1/4 csésze (32 g) chili por
1 evőkanál (3 g) szárított oregánó
teáskanál (4 g) füstölt paprika
1 teáskanál chipotle por (elhagyható)
1 teáskanál fokhagyma por
1 teáskanál őrölt kömény
2 teáskanál (12 g) kóser vagy finom tengeri só
1 teáskanál frissen őrölt fekete bors
2 evőkanál (16 g) masa harina vagy kukoricaliszt
1/4 csésze (60 ml) hideg víz
Választható feltétek és kísérők
kukorica tortilla
Szeletelt jalapeño paprika
Reszelt cheddar sajt vagy tejmentes sajt
Darált vöröshagyma
Lime ékek
Tejföl vagy tejmentes tejföl Vágott friss petrezselyem vagy koriander

ÚTVONALAK

Nyomja meg a Sauté gombot az elektromos gyorsfőzőn, és melegítse 30 másodpercig. Hozzáadjuk az olajat és a húsokat, és kevergetve addig sütjük, amíg a csomók szétesnek, amíg rózsaszínű nem lesz látható. Keverje hozzá a hagymát, a sárgarépát, a poblanost, a kaliforniai paprikát és a jalapenót. Kevergetve főzzük még 3 percig. Keverje hozzá a paradicsomot, az alaplevet, a Worcestershire-t és a fűszereket, majd kaparja le az edény alját, hogy a megbarnult darabok kiszabaduljanak. Nyomja meg a Mégse gombot.

Zárja le és zárja le a fedelet, ügyelve arra, hogy a gőzkioldó fogantyú tömítő helyzetben legyen. Főzzük nagy nyomáson 30 percig. Ha kész, engedje természetes módon a nyomást 12 percig, majd fordítsa el a fogantyút légtelenítésre, és engedje el a maradék nyomást. Nyissa ki a fedelet, és óvatosan nyissa ki. Nyomja meg a Mégse gombot.

Nyomja meg a Sauté-t. Oldjuk fel a masa harinát a vízben, keverjük bele a chilibe, és főzzük gyakran kevergetve 3-5 percig, vagy amíg a chili a kívánt állagúra be nem sűrűsödik. Kóstoljuk meg és igazítsuk hozzá a fűszereket. Nyomja meg a Mégse gombot.

Merőkanálba öntjük, és kukorica tortillával és kedvenc feltéteivel tálaljuk.

16. Csirkeleves

Kihozatal: körülbelül 5 csésze (1175 ml)

ÖSSZETEVŐK

1 hasított csirke plusz szárnyak, hátak, nyakak stb. (kb. 2 font, azaz 908 g, teljes tömeg)
5 csésze (1175 ml) hideg víz
1 nagy sárga hagyma negyedelve
3 sárgarépa, vágva és durvára vágva
2 szár zeller, levágva és durvára vágva
4 szál friss kakukkfű
2 teáskanál (12 g) kóser vagy finom tengeri só
1 teáskanál egész fekete bors

ÚTVONALAK

Helyezze a csirke tetemet és részeit a kukta belső edényébe. Adjuk hozzá a vizet és a többi hozzávalót.

Zárja le és zárja le a fedelet, ügyelve arra, hogy a gőzkioldó fogantyú tömítő helyzetben legyen. Főzzük nagy nyomáson 60 percig. Amikor a főzési idő lejár, hagyja a nyomást 12 percig természetesen engedni, majd fordítsa a gőzkioldó fogantyút szellőztető helyzetbe, és engedje el a maradék gőzt. Nyissa ki a fedelet, és óvatosan nyissa ki.

Tegyünk egy szűrőedényt egy nagyon nagy tál vagy főzőedény fölé, és óvatosan öntsük bele az alaplevet. Dobja el a szilárd anyagokat. Hűtőszekrényben, lefedve, legfeljebb 3 napig, vagy lefagyasztva hosszabb tároláshoz.

17. Növényi állomány

ÖSSZETEVŐK

1 nagy hagyma, durvára vágva
4 sárgarépa, megtisztítva és kockákra vágva
5 szár zeller, durvára vágva
2 csésze (140 g) szeletelt gomba
1 evőkanál (15 g) paradicsompüré 1/4 csésze (60 ml) vízben feloldva
1 gerezd fokhagyma, szeletelve
2 babérlevél
2 szál friss kakukkfű
3 szál friss petrezselyem
1 teáskanál kóser vagy finom tengeri só
1 teáskanál egész szem bors Körülbelül 6 csésze (1410 ml) víz

ÚTVONALAK

Helyezze az összes zöldséget és fűszereket az elektromos gyorsfőző belső edényébe. Adjon hozzá annyi vizet, hogy körülbelül 5 cm-rel ellepje az összetevőket. Csukja be és zárja le a fedelet, ügyelve a gőzkioldó fogantyúra tömítő helyzetben van. Főzzük nagy nyomáson 18 percig. Amikor a főzési idő lejár, hagyja a nyomást 15 percig természetesen engedni, majd fordítsa a gőzkioldó fogantyút szellőztető helyzetbe, és engedje el a maradék gőzt. Nyissa ki a fedelet, és óvatosan nyissa ki.

Helyezzen egy szűrőedényt egy nagyon nagy tál vagy főzőedény fölé, és szűrje le az alaplevet, és nyomja rá a szilárd anyagokat, hogy az összes folyadékot kiszívja. Dobja el a szilárd anyagokat. Kóstolja meg, és ha szükséges, módosítsa a fűszereket. Hűtőszekrényben legfeljebb 3 napig, vagy fagyasztva hosszabb tároláshoz.

Kihozatal: körülbelül 6 csésze (1410 ml)

18. Tejszínes tök és gyömbérleves

4-6

ÖSSZETEVŐK

2 kg (4 font) vajtök meghámozva, kimagozva és felkockázva
1 ág zsálya
1 nagy hagyma, durvára vágva
1/2 hüvelykes (2 cm-es) friss gyömbér, meghámozva és durvára szeletelve
¼ teáskanál (1 ml) szerecsendió
4 csésze (1 l) növényi alaplé Olívaolaj
Só és bors (ízlés szerint)
½ csésze (125 ml) pirított tökmag vagy tökmag a díszítéshez

A gyorsfőzőben, lehúzva a tetejét, közepes lángon megpuhítjuk a hagymát a zsályával, sóval, borssal.
Amikor a hagyma megpuhult, a hagymát félrekarcoljuk, és annyi tökkockát beleforgatunk, hogy ellepje a gyorsfőző alját, majd hagyjuk pirulni kb. 10 percig, ritkán kevergetve.
Adjuk hozzá a többi tököt a gyömbérrel, a szerecsendióval és az alaplével együtt.

Zárja le és zárja le a kukta fedelét. Főzzük 15 percig nagy nyomáson.
Ha lejár az idő, nyissa ki a tűzhelyet a nyomás kiengedésével.
Halászd ki a fás szárú zsálya szárát és dobd el.
Pálcás botmixerrel pürésítsd a gyorsfőző tartalmát és tálald!
Sós, pirított tökmaggal díszítjük.

19. Új angliai kagylólé

4-6
ELŐKÉSZÍTÉSI IDŐ: 5 PERC
SÜTÉSI IDŐ: 10 PERC

ÖSSZETEVŐK

12-24 friss kagyló (vagy 300 g (11 uncia) leszűrt fagyasztott vagy konzerv kagyló)
2 csésze (500 ml) kagylólé
1 csésze (250 ml) füstölt és pácolt szalonna (vagy pancetta), felkockázva
1 közepes hagyma, apróra vágva
1 teáskanál (5 ml) só
1/4 teáskanál (1 ml) bors
½ csésze (125 ml) fanyar fehérbor
2 közepes burgonya, felkockázva bőrrel
1 babérlevél
1 szál kakukkfű
1 csipet cayenne bors (vagy pirospaprika pehely)
1 csésze (250 ml) tej
1 csésze (250 ml) tejszín
1 evőkanál (15 ml) vaj
1 evőkanál (15 ml) liszt

Készítse elő a kagylót, és készítse el saját kagylólevét az alábbiak szerint.

A hideg kuktában, lehúzva a tetejét, beletesszük a szalonnát, és kis lángon felforraljuk. Amikor a szalonna kiengedi a zsírját, és sercegni kezd, adjuk hozzá a hagymát, sózzuk, borsozzuk, és emeljük a hőt közepesre.

Amikor a hagyma megpuhult, adjuk hozzá a bort, és kaparjuk le az edény aljáról az összes finom barna darabot, hogy belekeverjük a szószba.

Hagyjuk a bort majdnem teljesen elpárologni, majd adjuk hozzá a kockára vágott burgonyát, a kagylólevet (ha nincs 2 csésze lé, a többit kompenzáljuk vízzel), a babérlevelet, a kakukkfüvet és a cayenne borsot.
Zárja le és zárja le a kukta fedelét.
Főzzük 5 percig nagy nyomáson.
Ha lejár az idő, nyissa ki a tűzhelyet a nyomás kiengedésével.
Amíg a burgonya nyomás alatt főz, készítsen rántást, hogy besűrítse a levest úgy, hogy egyenlő mennyiségű vajat és lisztet keverjen alacsony lángon, és egy kis fakanállal folyamatosan keverje, amíg jól össze nem keveredik.
A nyitott gyorsfőzőhöz adjuk hozzá a kagylóhúst, a tejszínt, a tejet és a roux-t.
Jól keverjük össze, és pároljuk az összes hozzávalót a gyorsfőzőben, a tetejét levéve, közepes-alacsony lángon 5 percig.
Kekszekkel díszítve vagy kenyértálban tálaljuk.

20. Mini húsgombóc húsleves

4-6
ELŐKÉSZÍTÉSI IDŐ: 10 PERC
SÜTÉSI IDŐ: 10 PERC

ÖSSZETEVŐK
MINIATÜR HÚSGOLYÓK:
1 font (500 g) darált borjúhús
¼ csésze (50 ml) őrölt Parmiggiano Reggiano
½ csésze (125 ml) sima zsemlemorzsa 1 tojás, felvert
Só és bors Zöldségleves:
6 csésze (5 l) víz
1 zellerszár, félbevágva
2 közepes burgonya egészben
2 sárgarépa, meghámozva
1 hagyma, félbevágva
3 paradicsom, félbevágva
2 tk (10 ml) só
2 evőkanál (30 ml) olívaolaj

2 evőkanál (30 ml) balzsamecet
8 uncia (250 g) pasztina

Egy nagy keverőtálban keverjük össze a borjúhúst, a sajtot, a zsemlemorzsát, a tojást, a sót és a borsot.
Dinnyegombóc segítségével adagoljuk ki a megfelelő mennyiségű húskeveréket, és készítsünk belőle kis húsgombócokat. Tedd kisebbre, mint gondolnád, hogy szükséged lesz, mert nyomás alatt főzve majdnem megkétszereződik.
A gyorsfőzőben készítse el a zöldséglevet úgy, hogy hozzáadja az összes zöldséget, a vizet és a sót. Zárja le és zárja le a kukta fedelét, és állítsa a hőt magasra. Amikor a serpenyő eléri

a nyomást, csökkentse a lángot minimális hőfokra, és számoljon 7-10 perc főzési időt.
Ha lejár az idő, nyissa ki a tűzhelyet a nyomás kiengedésével. Finoman távolítsuk el az összes zöldséget, és tegyük egy tálra, kivéve a paradicsomot (azokat hagyjuk benne). Ha paradicsomhéjat lát lebegni, eltávolíthatja és eldobhatja. Kóstoljuk meg a húslevest, és ízlés szerint sózzuk, borsozzuk. Óvatosan adjuk hozzá a miniatűr húsgombócokat a még forró zöldségléhez.
Zárja le és zárja le a kukta fedelét, és állítsa a hőt magasra. Amikor az edény eléri a nyomást, csökkentse a lángot minimális hőfokra, és számoljon 5-7 perc nyomás alatti főzési időt.
Ha lejár az idő, nyissa ki a tűzhelyet a nyomás kiengedésével. Tegye vissza a tűzhelyre a kukta tetejét, és tegye bele a tésztát. A tésztát a csomagoláson feltüntetett idő alatt (mínusz egy perc) felforraljuk. Ne aggódjon, a tészta tovább fog főzni, amíg tálalja az ételt.
Addig is készíts vinaigrettet az olívaolajból és a balzsamecettel úgy, hogy egy kis vázába tedd őket, és erőteljesen rázd össze, majd öntsd rá a kuktából korábban kihúzott zöldségeket – ezek most a köreted!
Amikor a tészta egy percre van a főzéstől, kapcsolja le a tüzet, és tálalja a miniatűr húsgombóc levest!

21. Fekete bableves

4-6
ELŐKÉSZÍTÉSI IDŐ: 5 PERC
SÜTÉSI IDŐ: 10 PERC

ÖSSZETEVŐK

1½ csésze (375 ml) száraz fekete bab, éjszakára vagy egész napra áztatva
1 evőkanál (15 ml) olaj
1 csésze (250 ml) hagyma durvára vágva
3 gerezd fokhagyma, felaprítva
1 evőkanál (15 ml) őrölt kömény
¼ teáskanál (1 ml) chipotle por vagy füstölt paprika
6 csésze (1 ½ l) zöldségleves
1 nagy babérlevél
2 tk (10 ml) friss oregánólevél ill
2 evőkanál (30 ml) szárítva
½-2 teáskanál (3-10 ml) só ízlés szerint
Szójajoghurt vagy tejföl

Koriander apróra vágva a díszítéshez
A babról leöntjük az áztatófolyadékot, és a babot félretesszük.
Melegítse fel az olajat az Instant Potban a Saute (Sauté) kiválasztásával. Adjuk hozzá a hagymát és dinszteljük 2 percig.
Adjuk hozzá a fokhagymát, a köményt és a chipotle port. Adjuk hozzá a babot, a húslevest, a babérlevelet és az oregánót. Jól keverjük össze.
Tekerje fel magasra a hőt. Rögzítse a fedelet a helyére.
Forgassa el a gőzszelepet „zárt" állásba. Válassza a [Kézi] gombot, és csökkentse az időt 7 percre. Ha letelt a 7 perc, hagyja, hogy a nyomás természetesen csökkenjen.
Amikor lefelé halad, óvatosan vegye le a fedelet, és döntse el magától.
Távolítsa el a babérlevelet.
Ezen a ponton vagy burgonyanyomóval pépesítheti a babot, használhat egy turmixgépet, vagy tarthatja a levest úgy, ahogy van.
Sózzuk ízlés szerint.
Díszítsük egy kanál szójajoghurttal vagy tejföllel és egy csipetnyi korianderrel. Élvezd!

22. Vöröslencse chili

6-8
ELŐKÉSZÍTÉSI IDŐ: 10 PERC
SÜTÉSI IDŐ: 10 PERC

ÖSSZETEVŐK

1 font (500 g) vöröslencse
8 csésze (2 l) víz
2 x 14 ½ oz doboz sómentes kockára vágott paradicsom (lehetőleg tűzön sült)
1 x 6 oz doboz sómentes paradicsompüré
10 dkg apróra vágott hagyma (kb. egy nagy)
1 font (500 g) piros kaliforniai paprika, pürésítve
3 uncia kimagozott datolya (körülbelül 12 Deglet Noor)
8 gerezd fokhagyma
4 evőkanál (60 ml) almaecet
1 ½ evőkanál (23 ml) petrezselyempehely
1 ½ evőkanál (23 ml) oregánó
1 ½ evőkanál (23 ml) chili por
2 tk (10 ml) füstölt paprika
½ teáskanál (3 ml) chipotle por (ízlés szerint)
½ teáskanál (3 ml) őrölt pirospaprika pehely (ízlés szerint)

A datolyát, a fokhagymát, a piros kaliforniai paprikát és a paradicsomot turmixgépben turmixoljuk simára.
Tegye az összes többi hozzávalót az Instant Potba, és főzze nagy nyomáson 10 percig.
Hagyja a nyomást természetesen felengedni, vagy élvezze azonnal, és azonnal élvezze. Sült burgonya fölé tálaljuk, és megszórjuk egy kis műparmezánnal, ez teljesen beüt!

23. Vegetáriánus ország chili

Kitermelés: 8 adag
ÖSSZETEVŐK:
Chilihez:
1 evőkanál avokádóolaj vagy olívaolaj az edényhez
1/2 nagy bio lilahagyma kockára vágva
2 szál biozeller, apróra vágva
1 bio sárgarépa apróra vágva
1 bio zöld kaliforniai paprika apróra vágva
1 bio piros kaliforniai paprika apróra vágva
1 bio édesburgonya, meghámozva és apróra vágva
1 db bio jalapeno kimagozva és apróra vágva
2 tk fokhagyma por
2 tk szárított oregánó
1 1/2 evőkanál chili por
1 evőkanál őrölt kömény
1 1/2 teáskanál tengeri só
1 tk őrölt fekete bors
2 tk cukrozatlan nyers kakaópor
8 oz. dobozok kockára vágott zöld chili
15 oz. lehet tűzön sült kockára vágott paradicsom
8 oz. bio paradicsomszósz lehet
1 csésze zöldség alaplé
2 evőkanál nyers almaecet
1/4 csésze erős főzött kávé
15 oz. lehet vesebab, lecsepegtetve és leöblítve
15 oz. lehet pinto bab, lecsepegtetve és leöblítve
15 oz. fekete bab lehet, lecsepegtetve és leöblítve

KISZOLGÁLNI:
2 nagy avokádó, meghámozva és kockákra vágva
1 csésze diós tejjoghurt
1 csésze diótej alapú cheddar sajt
1/4 csésze friss, apróra vágott koriander
2 gluténmentes tortilla, pirítva

ÚTVONALAK:
Az edényt vékonyan kiolajozzuk avokádóolajjal.
Az edényben keverje össze az összes chili hozzávalót, keverje össze, majd fedje le.
Főzzük 4 órán keresztül magas vagy 8 órán keresztül alacsony fokozaton, vagy amíg a zöldségek megpuhulnak.
Kóstoljuk meg, és ha szükséges még sózzuk, borsozzuk.
Tálaljuk tálakban a feltétekkel és kedvenc csípős szósszal.

24. Párolt pulyka chili

Adagok: 8
Teljes elkészítési idő: 20 perc
Teljes főzési idő: 4 óra 20 perc

ÖSSZETEVŐK:
1 evőkanál olívaolaj (extra szűz)
1 közepes hagyma, felkockázva
Pepperoni, apróra vágva
1 kilós pulyka, amely 99 százalékban sovány
2 doboz (15 oz.) megmosott és lecsepegtetett feketebab
2 doboz (15 oz.) megmosott és lecsepegtetett vesebab
2 doboz (15 oz.) paradicsomszósz
2 doboz (15 uncia) apró kockára vágott paradicsom
1 üveg (16 oz.) apróra vágott szelíd jalapeno paprika, lecsepegtetve
1 csésze fagyasztott kukorica
2 evőkanál chili por
1 evőkanál kömény
Só ízlés szerint
Csipetnyi fekete bors

UTASÍTÁS:
Egy serpenyőben közepes lángon hevítsük fel az olajat.
Tegyük a pulykát a serpenyőbe, és pirítsuk barnára.
Öntsük a pulykát az edénybe.
Adjuk hozzá a hagymát, pepperoni-t, paradicsomszószt, kockára vágott paradicsomot, babot, jalapenót, kukoricát, chiliport és köményt. Keverjük össze és ízesítsük sóval, borssal.
Fedjük le, és főzzük magas hőmérsékleten 4 órán át, vagy alacsony fokozaton 6 órán át.

25. Butternut squash és lencse leves

Adagok: 4-6
Teljes elkészítési idő: 10 perc
Teljes főzési idő: 40 perc

ÖSSZETEVŐK:

1 nagy hagyma, felkockázva
1 hámozott és felkockázott vajtök
1 csésze barna lencse
8 csésze zöldségleves
2 teáskanál darált fokhagyma
1 babérlevél
1/2 teáskanál őrölt szerecsendió
1 csésze spenót, apróra vágva
1/2 teáskanál só

UTASÍTÁS:

A spenót kivételével az összes hozzávalót az edénybe adjuk, és jól összekeverjük.
Főzzön 3-4 órát nagy teljesítményen vagy 6-8 órát alacsony teljesítményen.
Távolítsa el a babérlevelet, és tegye a leves körülbelül 50%-át, szükség esetén adagonként, egy turmixgépbe, és pürésítse simára. Az összekevert levest a nem kevert résszel együtt az edénybe tesszük és összekeverjük.
Adjuk hozzá az apróra vágott spenótot, és addig keverjük, amíg megpuhul.

29. Arany sütőtök leves ropogós zsályával

TELJES SÜTÉSI IDŐ: 15 PERC
ADAGOLÁS: 6

ÖSSZETEVŐK
Fahéjpor, 1 teáskanál
Cayenne por, 1 teáskanál
2 evőkanál tiszta juharszirup
1 evőkanál darált zsálya
14 uncia kókusztej
Olívaolaj, 2 evőkanál
5 csésze sütőtök felkockázva és grillezve
Kóser só és őrölt bors
1 medvehagyma felkockázva
Csipet tengeri só
4 evőkanál sós vaj
1 csésze nyers tökmag, pirítva

ÚTVONALAK
Állítsa be a sütőt 400°F-ra.
Dobja fel a Butternut squash-t, a mogyoróhagymát, az olívaolajat, a juharszirupot, az őrölt zsályát, a cayenne-i borsot, a fahéjat, valamint egy csipetnyi sót és borsot egy Crockpot edényben.
A sült zöldségeket kevés vízzel simára pürésítjük.
Adjuk hozzá a vaj felét és a kókusztejet, és pároljuk 5 percig.
A maradék vajat felolvasztjuk és az egész zsályaleveleket oldalanként egy percig sütjük.
Sózzuk a zsályát és a tökmagot a serpenyőben.
Ropogós zsályalevelekkel és tökmaggal díszítve tálaljuk.

30. Sült paradicsomleves vajjal

TELJES SÜTÉSI IDŐ: 10 PERC
ADAGOLÁS: 4

ÖSSZETEVŐK
PARADICSOS BAZSALIAKLEves
1 csésze teljes tej
1 hagyma
2 evőkanál kakukkfű
28 uncia egész hámozott paradicsom, pörkölt
Kóser só és őrölt bors
3 evőkanál sós vaj
6 evőkanál citromos bazsalikomos pesto

ÚTVONALAK
A sült paradicsomot, a hagymát és a tejet simára keverjük. A pesto kivételével mindent összekeverünk egy Crockpot segítségével, és alaposan melegítjük 3 percig 425 °F-on. Szórj rá 3 evőkanál pestót.

31. Csirke leves gombával

TELJES SÜTÉSI IDŐ: 40 PERC
ADAGOLÁS: 8

ÖSSZETEVŐK

10 gerezd fokhagyma, felaprítva
1 teáskanál piros kaliforniai paprika, kockára vágva
2 babérlevél
12 uncia kelkáposzta, szárát eltávolítva, leveleit letörve
1 kiló előre felvágott D-vitaminnal dúsított gomba
2 kiló csont nélküli, bőr nélküli csirkemell
2 csésze hagyma, felkockázva
2 evőkanál kókuszolaj
15 oz. csicseriborsó, lecsepegtetve
8 csésze sómentes csirkehúsleves
3 zellerszár, szeletelve
2 sárgarépa, szeletelve
4 szál kakukkfű
Kóser só, 2 teáskanál

ÚTVONALAK

A sárgarépát, a hagymát és a zellert olajon pároljuk 5 percig. Adjuk hozzá a gombát, a fokhagymát, a csicseriborsót, a húslevest, a kakukkfüvet és a babérlevelet, és forraljuk fel. Adjuk hozzá a csirkét, sózzuk, borsozzuk, majd pároljuk nagyjából 30 percig.
Vágja fel a húst, és dobja ki a csontokat.
Főzzük a kelkáposztát 5 percig, majd adjuk hozzá a feldarabolt csirkét.

32. Crockpot dúsított leves

TELJES SÜTÉSI IDŐ: 30 PERC
ADAGOLÁS: 8

ÖSSZETEVŐK

1 kiló előre felvágott D-vitaminnal dúsított gomba
2 evőkanál olaj
2 csésze hagyma, felkockázva
10 gerezd fokhagyma, felaprítva
12 oz. göndör kelkáposzta, szára eltávolítva, levelei letörve
8 csésze sómentes csirkehúsleves
Kóser só, 2 teáskanál
3 zellerszár, szeletelve
2 kiló csont nélküli, bőr nélküli pulyka
4 szál kakukkfű
2 babérlevél
2 sárgarépa, szeletelve
15 oz. csicseriborsó, lecsepegtetve
1 teáskanál törött piros kaliforniai paprika

ÚTVONALAK

Az összes hozzávalót olajon megpirítjuk, a pulyka és a kelkáposzta kivételével; fedjük le és pároljuk 25 percig. Adjunk hozzá pulykát és kelkáposztát a húsleveshez; lefedjük és 5 percig forraljuk.

33. Arany kurkuma karfiol leves

TELJES SÜTÉSI IDŐ: 30 PERC
ADAGOLÁS: 4

ÖSSZETEVŐK

3 gerezd fokhagyma, felaprítva
3 evőkanál szőlőmagolajat
$\frac{1}{8}$ evőkanál zúzott pirospaprika pehely
1 evőkanál kurkuma
$\frac{1}{4}$ csésze teljes kókusztej
6 csésze karfiol rózsa
1 evőkanál köménypor
1 hagyma vagy édesköményhagyma, darálva
3 csésze zöldségleves

ÚTVONALAK

A sütőt 450 fokra állítjuk.
A karfiolt és a fokhagymát olajon megfőzzük.
Dobd fel, hogy egyenletesen vonja be a kurkuma, a kömény és a pirospaprika pehelyekkel.
A karfiolt egyetlen rétegben kell kiteríteni egy tepsire, és 30 percig sütni, vagy amíg aranybarna nem lesz.
A maradék 1 evőkanál olajon megdinszteljük a hagymát egy serpenyőben.
Egy lábosban keverjük össze a maradék karfiolt a hagymával és a zöldséglével.
Pürésítsd simára, és egy kevés kókusztejjel tálald.

34. Crockpot másnapos leves

TELJES SÜTÉSI IDŐ: 45 PERC
ADAGOLÁS: 6

ÖSSZETEVŐK
16 uncia konzerv savanyú káposzta; leöblítve
2 szelet bacon, főzve
½ font lengyel kolbász; felszeleteljük és megfőzzük
1 hagyma; apróra vágva
2 evőkanál lisztet
2 szár zeller; szeletelt
4 csésze marhahúsleves
1 teáskanál köménymag
2 paradicsom; apróra vágva
1 kaliforniai paprika; apróra vágva
2 teáskanál paprika
1 csésze gomba, szeletelve
½ csésze tejföl

ÚTVONALAK
A zöldségeket puhára főzzük, hozzáadjuk a hagymát és a zöldpaprikát.
Hozzáadjuk a főtt kolbászt és a szalonnát, a marhahúslevest, a savanyú káposztát, a paradicsomot, a paprikát és a köménymagot.
45 percig főzzük.
A lisztet és a tejfölt összekeverjük, és belekeverjük a levesbe.
Töltsd meg mindennel a Crockpotot, és főzd még egy percig.

35. Crockpot shoyu húsleves

TELJES SÜTÉSI IDŐ: 10 PERC
ADAGOLÁS: 4

ÖSSZETEVŐK:
5 szárított shiitake gomba darabokra törve
4 teáskanál kókuszolaj
4 evőkanál dashi granulátum
3 újhagyma, szeletelve
1 alma kimagozva, meghámozva és apróra vágva
1 teáskanál fehér bors
5 gerezd fokhagyma, meghámozva
4 db ökörfarkkóró
1 hagyma, felkockázva
2 zellerszár, apróra vágva
1 citrom
2 liter csirkehúsleves
2 sárgarépa, meghámozva és apróra vágva
175 ml szójaszósz
2 teáskanál sót
1 egész csirke
1 babérlevél

ÚTVONALAK:
A serpenyőben hozzáadjuk a kókuszolajat, a száraz Shiitake-t, az almát, a zellert, a sárgarépát, a hagymát és a fokhagymát. Adjuk hozzá a csirkét, az ökörfarkot és a citromot.
Melegítsük fel az edényt 90 °C-ra, és tegyük a sütőbe 10 órára; felforraljuk a levest.
Dobd bele a spagettit.

36. Lencseleves

TELJES SÜTÉSI IDŐ: 30 PERC
ADAGOLÁS: 4

ÖSSZETEVŐK

1 csésze hagyma, kockára vágva
2 teáskanál sót
1/2 teáskanál koriander por
2 liter csirke- vagy zöldségleves
1 kiló lencse
Apróra vágott paradicsom, 1 csésze
Apróra vágott sárgarépa, 1/2 csésze
Aprított zeller, 1/2 csésze
2 evőkanál olajbogyóolaj
1 teáskanál kömény

ÚTVONALAK

Olajon megdinszteljük a zellert, a hagymát és a sárgarépát egy csipet sóval.
Keverje hozzá a koriandert, a köményt, a lencsét, a paradicsomot és a húslevest.
Pár percig pároljuk.
Turmixgép segítségével pürésítse a keveréket a kívánt állagúra.

SALÁTÁK ÉS KÖRETEK

37. Olasz cannellini és menta saláta

ÖSSZETEVŐK
1 csésze (250 ml) száraz cannellini bab, áztatva
4 csésze (1 l) víz
1 gerezd fokhagyma, összetörve
1 babérlevél
1 szál friss menta
1 csipetnyi ecet
1 bőséges örvény olívaolaj Só és bors (ízlés szerint)

Nyomás alatti főzéshez adjon hozzá beáztatott babot, vizet, fokhagymagerezdet és babérlevelet az Instant Potba.
Csukja be és zárja le a fedelet. Válassza a [Nyomás alatti főzés] vagy a [Kézi] lehetőséget, majd állítsa be a [+] vagy [-] gombot a 8 perces nyomás alatti főzési idő beállításához.
Ha lejár az idő, nyissa ki a fedelet a Natural Release segítségével.
Szűrjük le a babot, és keverjük össze mentával, ecettel, olívaolajjal, sóval, borssal.

38. Fűszeres karfiol és citrus saláta

ÖSSZETEVŐK
1 kis karfiol, rózsák felosztva
1 kis romanesco karfiol, virágok osztva
1 font (500 g) brokkoli
2 mag nélküli narancs, meghámozva és vékonyra szeletelve
Vinaigrette:
1 narancs, meghámozva és kifacsarva
4 szardella
1 csípős paprika (lehetőleg friss), ízlés szerint szeletelve vagy apróra vágva, öblítetlen
4 evőkanál (60 ml) extra szűz olívaolaj
Só és bors (ízlés szerint)

A vinaigrette edénybe tedd bele a narancshéjat és -levet, a szardellat, a csípős paprikát, a kapribogyót, az olívaolajat és a sót és borsot. A vacsoraasztal preferenciáitól függően apróra vághatja vagy egészben hagyhatja őket (kivéve a csípős paprikát).
Jól rázza fel az edényt, és tegye félre.
Hámozzuk meg a narancsot kézzel vagy késsel, távolítsuk el az összes lógó fehér magot. Ezután keresztben vékonyan felszeleteljük.
Ha a narancs nem magtalan, szedje ki a magokat a szeletekből, és tegye félre.
Készítse elő a gyorsfőzőt úgy, hogy öntsön egy csésze vizet az aljára, és helyezze be a párolókosarat.
Tegye az összes virágot a párolókosárba.
Zárja le és zárja le a kukta fedelét. Tekerje fel a hőt magasra, és amikor a tűzhely eléri a nyomást, csökkentse a hőt a tűzhely által a nyomás fenntartásához szükséges minimumra. 6 percig ALACSONY nyomáson főzzük.
Ha lejár az idő, nyissa ki a tűzhelyet a nyomás kiengedésével.
Tegyük a virágokat egy tálba, szórjuk bele narancsszeleteket, rázzuk még jól a vinaigrettet, és öntsük a tetejére.

Koriander lime csirke taco saláta

8
ÖSSZETEVŐK
SALÁTA:
1 evőkanál (15 ml) extra szűz olívaolaj
½ csésze (125 ml) hagyma, finomra vágva
4 nagy csirkemell, falatnyi darabokra vágva
1 teáskanál (5 ml) só
1 teáskanál (5 ml) kömény
½ teáskanál (3 ml) fekete bors
1 doboz (15 uncia) kockára vágott paradicsom zöld chilivel
1 doboz (15 uncia) fekete bab, lecsepegtetve és leöblítve
3 evőkanál (45 ml) korianderlevél apróra vágva
Koriander lime rizs
Reszelt saláta, kockára vágott friss paradicsom, reszelt sajt, avokádó, tortilla chips a tálaláshoz

CILANTRO LIME csávázószer:
½ csésze (125 ml) majonéz
½ csésze (125 ml) író
⅓ csésze (75 ml) vaskos salsa verde
⅓ csésze (75 ml) koriander, apróra vágva
1 evőkanál (15 ml) limelé
2 gerezd fokhagyma, préselve
½ teáskanál (3 ml) fokhagymapor
½ teáskanál (3 ml) hagymapor
½ teáskanál (3 ml) só
¼ teáskanál (1 ml) őrölt fekete bors
¼ teáskanál (1 ml) pirospaprika pehely

Az öntet elkészítése: Egy turmixedényben keverje össze a majonézt, az írót, a salsát, a koriandert, a lime levét, a fokhagymát, a fokhagymaport, a hagymaport, a sót, a borsot és

a pirospaprika pelyhet. Pulzáljon, amíg jól össze nem áll. Hűtőbe tesszük több órára vagy egy éjszakára.
Válassza az Instant Pot Saute funkciót. Amikor felforrósodott, adjunk hozzá olajat és hagymát az edénybe. 3 percig dinszteljük a hagymát.
Hozzáadjuk a csirkét, és 2 percig pirítjuk. Adjunk hozzá paradicsomot, sót, köményt és fekete borsot.
Rögzítse a fedelet a helyére. Válassza a Manual lehetőséget az Instant Pot-on, és állítsa be a magas nyomást. Állítsa be 2 perc főzési időt. Amikor az időzítő sípol, használjon gyors nyomásoldót a nyomás oldásához.
Távolítsa el a fedelet. Válassza a párolást, és gyakori kevergetés mellett főzze, amíg a folyadék el nem fő. Keverje hozzá a fekete babot és a koriandert.
Tálaljuk saláta tetején csirkével, koriander lime rizzsel, sajttal, avokádóval, tört tortilla chipsekkel és koriander lime öntettel.

39.1 perces quinoa

ÖSSZETEVŐK

1 csésze (250 ml) fekete quinoa, leöblítve
1 csipet só
1 ½ csésze (375 ml) víz
1 lime, meghámozva és kinyomkodva
1 csokor koriander vagy petrezselyem durvára vágva
1 nagy roma paradicsom, apróra vágva
1 sárga kaliforniai paprika, apróra vágva
1/2 csésze (125 ml) zöld olajbogyó, apróra vágva
1 uborka kimagozva és apróra vágva

Az Instant Pot-ban hozzáadjuk a quinoát, a lime héját, a sót és a vizet.
Csukja be és zárja le a fedelet. Vegyük magasra a hőt, és amikor a tűzhely eléri a nyomást, csökkentsük a hőt, és főzzük 1 percig MAGAS nyomáson. Ha letelt az idő, folytassa a quinoa főzését a gyorsfőző maradék hőjével és gőzével úgy, hogy a főzőedényt a természetes módon nyissa ki – kapcsolja ki a hőt és ne csináljon semmit (kb. 10 perc). Ha 10 perc elteltével a tűzhely nem engedi el az összes nyomást, engedje ki a maradék nyomást a szelep kinyitásával.
A megfőtt quinoát egy keverőtálba dobjuk kihűlni.
Ezután adjuk hozzá az apróra vágott paradicsomot, borsot, olajbogyót, uborkát és koriandert.
Lime levével összekeverjük, és ízlés szerint sóval ízesítjük.
Szobahőmérsékleten vagy lehűtve tálaljuk.

Tökéletes basmati rizs

ÖSSZETEVŐK
2 CSÉSZE (500 ML) BASMATI RIZS
2 ½ CSÉSZÉR (625 ML) VÍZ

Öblítse le a rizst egy finom szűrőben.
Üsse bele a rizst az Instant Potba, ügyelve arra, hogy a belső edény felső széléről eltávolítson minden eltévedt szemcsét.
Felöntjük vízzel és összekeverjük.
Zárja le a fedelet, állítsa a szelepet "tömítésre" a fedélen, és válassza a Kézi programot, állítsa be a nyomás alatti főzési időt 3 percre magas nyomáson.
Ha lejár az idő, nyissa ki az Instant edényt a 10 perces Natural Pressure Release segítségével.

40. Tökéletes jázmin rizs

ÖSSZETEVŐK
3 CSÉSZE (750 ML) JÁZMINRIZS | 3 CSÉSZÉR (750 ML) VÍZ

Öblítse le a rizst egy finom szűrőben.
Szűrje le a rizst, és adja hozzá az Instant Pot-hoz – ügyeljen arra, hogy a belső edény felső széléről eltávolítson minden eltévedt szemeket.
Adj hozzá vizet. Csukja be és zárja le az Instant Pot fedelét.
Nyomja meg a [Nyomás alatti főzés] gombot, majd a [-] gombbal állítsa be az 1 perces nagynyomású főzési időt.
Ha lejár az idő, nyissa ki az Instant Pot-ot a 10 perces természetes nyomáskioldó segítségével.

41. Tökéletes barna rizs

ÖSSZETEVŐK

2 CSÉSZE (500 ML) BARNA RIZS
2 ½ CSÉSZÉR (625 ML) VÍZ

Adjon rizst az Instant Pot-hoz – ügyeljen arra, hogy a belső edény felső széléről eltávolítson minden eltévedt szemcsét.
Adj hozzá vizet. Csukja be és zárja le az Instant Pot fedelét.
Nyomja meg a [Nyomás alatti főzés] gombot, majd a [-] gombbal állítsa be a 22 perces nyomás alatti főzési időt.
Ha lejár az idő, nyissa ki az Instant Pot-ot a 10 perces természetes nyomáskioldó segítségével.

42. Újra sült bab

ÖSSZETEVŐK

1 evőkanál (15 ml) növényi olaj
1 hagyma, apróra vágva
1 csokor koriander (vagy petrezselyem), szárát és leveleit felosztva és felaprítva
¼ teáskanál (1 ml) chipotle por ½ teáskanál (2 ml) kömény
2 csésze (500 ml) száraz borlotti (vagy pinto) bab, beáztatva
2 csésze (500 ml) víz
1 teáskanál (5 ml) só

Az előmelegített gyorsfőzőben, közepes lángon, fedő nélkül, hozzáadjuk az olajat, és megdinszteljük a hagymát, a petrezselyemszárú chipotle-t és a köményt, amíg a hagyma el nem kezd puhulni.
Adjuk hozzá a babot és a vizet.
Csukja be és zárja le a fedelet. Tegye fel a hőt magasra, és amikor a tűzhely eléri a nyomást, csökkentse a hőt a nyomás fenntartásához szükséges minimumra. Főzzük 7-10 percig nagy nyomáson.
Nyissa ki a Természetes kioldási irányokkal – helyezze a kuktát hideg égőre, és várja meg, amíg a nyomás magától csökken (kb. 10 perc).
Vegyünk ki egy púpozott kanál babot (a díszítéshez), a többit szórjuk meg sóval, majd burgonyanyomóval törjük össze a kívánt állagúra.
Egész babbal, petrezselyemmel és tetszőleges tejföllel (vagy sima teljes tejes joghurttal) megszórva tálaljuk.

43. Szicíliai zöldségkeverék

2-4

ÖSSZETEVŐK

1 nagy padlizsán, kockára vágva
1 teáskanál (5 ml) só
¼ csésze (50 ml) olívaolaj
1 közepes paprika (piros vagy sárga), csíkokra vágva
2 közepes cukkini, kockákra vágva
1 vöröshagyma, vékony szeletekre vágva
2 közepes burgonya, felkockázva
10 koktélparadicsom félbevágva
1 evőkanál (15 ml) kapribogyó, leszűrve és leöblítve
2 evőkanál (30 ml) fenyőmag (egy a főzéshez, egy a díszítéshez)
1 evőkanál (15 ml) mazsola, újrahidratálva és kinyomkodva
¼ csésze (50 ml) olajbogyó, kimagozva
1 csokor bazsalikom apróra vágva (fele a főzéshez, fele a díszítéshez)
Só és bors (ízlés szerint)

A padlizsánt szűrőbe tesszük, a kockákat megszórjuk sóval. Hogy az összes keserű folyadék kijöjjön: a kockára vágott padlizsán tetejére tegyünk egy tányért, és valami nehezéket a tetejére, hogy lenyomjuk (én a teáskannát használom), és hagyjuk pihenni kb.
Közben mossuk meg és szeleteljük fel a többi zöldséget a jelzett módon.
Az előmelegített gyorsfőzőben, nagy lángon, fedő nélkül, hozzáadjuk az olívaolajat és megpirítjuk a zöldségeket a következő sorrendben, fakanállal folyamatosan keverve.
Először adjuk hozzá a padlizsánt és a burgonyát (várjunk 3 percet, de folyamatosan keverjük), a paprikát és a hagymát (várjunk még 3 percet és keverjük tovább), a cukkinit (további

3-ig keverjük). A tűzhely teljesen megtelik, ezért óvatosan keverje meg!

Végül hozzáadjuk az apróra vágott bazsalikom felét, a fenyőmagot, a mazsolát, az olajbogyót, a kapribogyót, ízlés szerint sózzuk, borsozzuk.

Ha elektromos gyorsfőzőt használ, amelynek több mint $\frac{1}{2}$ csésze vízre van szüksége a nyomás eléréséhez, adjon hozzá egy csésze vizet. Zárja le a fedelet, és állítsa a szelepet nyomás alatti főzés állásba. Elektromos gyorsfőzők és tűzhely tetején lévő gyorsfőzők: Főzzük 4 percig magas nyomáson.

Ha lejár az idő, nyissa ki a gyorsfőzőt a Normál kioldással – engedje el a nyomást a szelepen keresztül.

Azonnal tegyük át a kukta tartalmát egy tálalóedénybe (hogy a zöldségek kihűljenek), és a caponatinát szobahőmérsékletűre keverjük, majd belekeverjük a koktélparadicsomba, és öntjük egy kevés friss olívaolajjal, balzsamecettel (ha szükséges – először ellenőrizzük a savasságot – ha nem teljesen érett, akkor lehet, hogy elegendő savat adott).

Megszórjuk friss bazsalikommal és fenyőmaggal.

44. Klasszikus burgonyapüré

4-8

ÖSSZETEVŐK

6-8 közepes burgonya, bármilyen
2 csésze (500 ml) víz
1 teáskanál (5 ml) durva kősó
1/3 csésze (75 ml) teljes tejszín vagy tej Só és bors (ízlés szerint)

Mosd meg és dörzsöld jól a burgonyát, hiába szeded le a héját, nem szeretnéd, hogy a ráragadt anyag lebegjen a kukta és a főzővízben – később a cefréhez fogod használni.

Helyezze a megmosott burgonyát a gyorsfőzőbe úgy, hogy a legnagyobb burgonya legyen alul, a kisebb pedig felül, és öntsön hozzá vizet. Ezután tegyük a tetejére a sót (főzés közben megolvad, és összeáll a vízzel). Soha ne tegyen sót közvetlenül érintkezésbe a hideg, rozsdamentes acél gyorsfőzővel, mert az elszínezheti a fémet.

Zárja le és zárja le a kukta fedelét.

18 percig főzzük nagy nyomáson.
Ha lejár az idő, nyissa ki a tűzhelyet úgy, hogy a szelepen keresztül engedi el a nyomást – minden kukta ezt másképp teszi, ezért a konkrét utasításokat a kézikönyvben találja!
Tegye a burgonyát keverőtálba, tartsa le a főzővizet, és amíg olyan forró, amennyire csak tudja, távolítsa el a héját (vagy hagyja rajta, ha úgy tetszik).
Kezdje el a pépesítést burgonyanyomóval, és adjon hozzá két evőkanál főzővizet. Ezután két evőkanál tejszínt. Addig folytasd a hozzáadást és pépesítést, amíg el nem éred a kívánt állagot – a családom szereti a darabost, így csak pár kör pépesítés és folyadék hozzáadása szükséges ahhoz, hogy a burgonyám elkészüljön.
Kóstolja meg, mielőtt további sót adna hozzá, mert lehet, hogy már elég sósak! Ezután adjunk hozzá további sót és borsot ízlés szerint.

45. Sült bababurgonya

4-6

ÖSSZETEVŐK

5 evőkanál (75 ml) növényi olaj
2 font (1 kg) csecsemőburgonya
1 szál rozmaring
3 gerezd fokhagyma (a külső bőrön)
1 csésze (250 ml) alaplé
Só és bors (ízlés szerint)

Nyomja meg a [Sauté] gombot az Instant Pot előmelegítéséhez. Amikor a „forró" felirat jelenik meg a kijelzőn, adjon hozzá növényi olajat.
Adjuk hozzá a burgonyát, a fokhagymát és a rozmaringot. A burgonyát körbeforgatjuk, kívülről barnára sütjük (nagyjából 8-10 perc).
Éles késsel szúrjuk meg minden burgonya közepét (a burgonyát ne keverjük tovább). Felöntjük az alaplével.
Csukja be és zárja le az Instant Pot fedelét. Nyomja meg a [Nyomás alatti főzés] gombot, majd a [+] vagy [-] gombbal állítsa be a 11 perces nyomás alatti főzési időt.
Ha lejár az idő, engedje el a nyomást, és nyissa ki az Instant Pot-ot a Quick Pressure Release segítségével.
A fokhagymagerezdek külső héját eltávolítjuk, és egészben vagy a burgonyával összetörve tálaljuk.
Mindent megszórunk sóval, borssal és tálaljuk!

GABONA ÉS RIZS

46. Barna rizs pilaf

ÖSSZETEVŐK

2 evőkanál (30 ml) olíva- vagy növényi olaj
1 közepes hagyma, apróra vágva
1 piros kaliforniai paprika kimagozva, kimagozva és apróra vágva
2 szár zeller, megtisztítva és apróra vágva
2 sárgarépa, meghámozva, feldarabolva és apróra vágva
1 csésze (180 g) nyers barna rizs
1 teáskanál darált fokhagyma
1/4 csésze (60 ml) száraz fehérbor vagy víz
11/4 csésze (295 ml) zöldségalaplé vagy víz
1/2 teáskanál szárított kakukkfű
1/2 teáskanál kóser vagy finom tengeri só
1/4 teáskanál frissen őrölt fekete bors

ÚTVONALAK

Nyomja meg a Sauté-t az elektromos gyorsfőzőn. Az olajat a belső edényben csillogásra melegítjük. Adjuk hozzá a hagymát, a borsot, a zellert és a sárgarépát. Főzzük gyakran kevergetve, amíg a hagyma megpuhul, körülbelül 3 percig. Öntsük bele a rizst, keverjük, hogy az összes szem olajjal bevonja. Folytassa a főzést körülbelül 5 percig, vagy amíg a rizsnek diós illata nem lesz. Keverjük hozzá a fokhagymát, és főzzük 30 másodpercig. Adjuk hozzá a bort, és keverjük össze, hogy az edény aljáról kikaparjuk a megbarnult darabokat. Felöntjük az alaplével. Hozzákeverjük a kakukkfüvet, sózzuk, borsozzuk. Nyomja meg a Mégse gombot.

Zárja le és zárja le a fedelet, ügyelve arra, hogy a gőzkioldó fogantyú tömítő helyzetben legyen. Főzzük nagy nyomáson 22 percig. Ha kész, engedje természetes módon a nyomást 12 percig, majd fordítsa el a gőzkioldó fogantyút légtelenítésre, és engedje el a maradék gőzt. Nyissa ki a fedelet, és óvatosan nyissa ki.

Ha van benne felesleges folyadék, nyomjuk meg a Saute-t, és főzzük meg a rizst, hogy elpárologjon. Villával felpörgetjük a rizst. Kóstolja meg, és ha szükséges, módosítsa a fűszereket. Ha tovább kell sütni, tegye vissza a fedőt, és hagyja 5 percig pihenni.

Kitermelés: 4 adag

47. Sós, krémes polenta

ÖSSZETEVŐK

1 csésze (164 g) polenta vagy közepesen őrölt
1/4 csésze (60 ml) tejszín vagy fele-fele
kukoricaliszt (opcionális)
4 csésze (940 ml) víz vagy zöldségalaplé
1/2 csésze (50 g) reszelt parmezán sajt
1 teáskanál kóser vagy finom tengeri só

ÚTVONALAK

Helyezze a polentát, a vizet és a sót az elektromos gyorsfőző belső edényébe. Jól keverjük össze. Zárja le és zárja le a fedelet, és győződjön meg arról, hogy a gőzkioldó fogantyú záró állásban van, mielőtt 5 percig magas fokozaton sütne. Ha kész, hagyja a nyomást 12 percig természetesen felengedni. Ezután fordítsa el a gőzkioldó fogantyút légtelenítésre, és engedje el a maradék gőzt. Nyissa ki a fedelet, és óvatosan nyissa ki. Habverővel alaposan keverje össze, amíg krémes és sima lesz, ügyelve arra, hogy a csomókat széttörje. Ha szükséges, keverje hozzá a tejszínt a további gazdagság érdekében. Tálokba kanalazzuk, megszórjuk sajttal, ha használunk, és tálaljuk.
Kitermelés: Körülbelül 4 adag

48. Köles és csirke görög saláta

ÖSSZETEVŐK
A SALÁTÁHOZ

2 evőkanál (30 ml) növényi vagy olívaolaj 1/2 csésze (80 g) nagyon apróra vágott hagyma

1 piros kaliforniai paprika kimagozva, kimagozva és nagyon apróra vágva

1 csésze (175 g) köles, jól leöblítve és lecsepegtetve 1/2 teáskanál kóser vagy finom tengeri só

1/2 teáskanál frissen őrölt fekete bors 1 teáskanál szárított oregánó 1 csésze (235 ml) víz

3/4 csésze (180 ml) csirke alaplé vagy víz

11/2 csésze (60 g) bébispenótlevél, nagyon jól leöblítve, szárazra rázva

1 kis uborka meghámozva és apróra vágva

1/3 csésze (35 g) apróra vágott olajbogyó, lehetőleg Kalamata

1/3 csésze (50 g) negyedekre vágott koktélparadicsom

1/2 kis vöröshagyma, nagyon vékonyra szeletelve

11/2 csésze (210 g) főtt csirke kis kockákra vágva vagy felaprítva, szobahőmérsékleten

AZ ÖLTÖZÉSHEZ

1/3 csésze (80 ml) extra szűz olívaolaj

2 evőkanál (30 ml) frissen facsart citromlé

1-2 evőkanál (15-30 ml) vörösborecet ízlés szerint

1/2 teáskanál kóser vagy finom tengeri só

1/4 teáskanál frissen őrölt fekete bors

FELTÉTELÉRE

2 evőkanál (6 g) finomra vágott friss petrezselyem

1/4 csésze (38 g) morzsolt feta sajt (opcionális)

ÚTVONALAK

Nyomja meg a Sauté-t, és melegítse fel a növényi olajat az elektromos gyorsfőző belső edényében. Amikor már csillog, hozzáadjuk az apróra vágott hagymát és a kaliforniai paprikát, és kevergetve 4 percig főzzük, vagy amíg a hagyma kissé megpuhul. Adjuk hozzá a kölest. Szórjuk meg sóval, borssal és oregánóval, majd öntsük fel a vízzel és az alaplével, és keverjük össze, hogy semmi ne ragadjon az edény aljára. Nyomja meg a Mégse gombot.

Zárja le és zárja le a fedelet, ügyelve arra, hogy a gőzkioldó fogantyú tömítő helyzetben legyen. Főzzük nagy nyomáson 9 percig. Ha végzett, engedje természetes módon a nyomást 8 percig, majd fordítsa el a gőzkioldó fogantyút légtelenítésre, és engedje el a maradék gőzt. Nyissa ki a fedelet, és óvatosan nyissa ki.

Távolítsuk el a fedőt, villával gereblyézzük össze a szemeket, és tegyük át egy nagy tálba. Adjuk hozzá a spenótot a tálba, keverjük bele a kölesbe, és hagyjuk, hogy a gőz megfonnyasztja a zöldeket. Tegyük félre, hogy szobahőmérsékletűre hűljön, időnként megdobjuk villákkal, hogy ne csomósodjon össze a köles. Ha kihűlt, keverjük hozzá az uborkát, az olajbogyót, a paradicsomot, a lilahagymát és a csirkét.

Kitermelés: Körülbelül 4 adag

49. Tökéletes rizs minden alkalommal

ÖSSZETEVŐK

1 csésze (180 g) hosszú szemű fehér rizs
1 csésze (190 g) barna rizs
11/4 csésze (295 ml) víz vagy zöldségalaplé
11/2 csésze (355 ml) víz vagy zöldségalaplé
1/2 teáskanál kóser vagy finom tengeri só, vagy ízlés szerint
1/2 teáskanál kóser vagy finom tengeri só, vagy ízlés szerint

ÚTVONALAK

Fehér rizs
Öblítse le a rizst egy dróthálós szűrőben, amíg a víz már nem lesz zavaros, körülbelül 1 percig folyó víz alatt. Az elektromos gyorsfőző belső edényében keverje össze a rizst, a vizet és a sót. Zárja le és zárja le a fedelet, ügyelve arra, hogy a gőzkioldó fogantyú tömítő helyzetben legyen. Főzzük nagy nyomáson 3 percig.
Ha kész, engedje természetes módon a nyomást 12 percig, majd fordítsa el a gőzkioldó fogantyút légtelenítésre, és engedje el a maradék gőzt. Nyissa ki a fedelet, és óvatosan nyissa ki. Tálalás előtt villával gereblyézze meg és bolyhosítsa a rizst.

Barna rizs
Öblítse le a rizst egy dróthálós szűrőben, amíg a víz már nem lesz zavaros, körülbelül 1 percig folyó víz alatt. Keverje össze a rizst, a vizet és a sót az elektromos gyorsfőző belső edényében. Zárja le és zárja le a fedelet, ügyelve arra, hogy a gőzkioldó fogantyú tömítő helyzetben legyen. Főzzük nagy nyomáson 22 percig.
Ha végzett, engedje természetes módon a nyomást 10 percig, majd fordítsa el a gőzkioldó fogantyút szellőztetésre, és engedje el a maradék gőzt. Nyissa ki a fedelet, és óvatosan nyissa ki. Tálalás előtt villával gereblyézze meg és bolyhosítsa a rizst.

Kitermelés: 3-4 adag

50. Quinoa zöldségsaláta citromos vinaigrette-vel

ÖSSZETEVŐK
A KINOÁÉRT
1 csésze zöldségalaplé vagy víz 1/4 csésze (60 ml) víz
1 csésze (175 g) quinoa, nagyon jól leöblítve és lecsepegtetve
1 teáskanál kóser vagy finom tengeri só A citromos vinaigrettehez
2 evőkanál (30 ml) frissen facsart citromlé
1/4 csésze (60 ml) extra szűz olívaolaj 1 teáskanál méz (vagy ízlés szerint)
1/2 teáskanál friss kakukkfű levél 1/4 teáskanál kóser vagy finom tengeri só
1/8 teáskanál frissen őrölt fekete bors

A ZÖLDSÉGEKHEZ
1 evőkanál (15 ml) olíva- vagy növényi olaj
2 nagy sárgarépa, vágva és apróra vágva
2 szár zeller, megtisztítva és apróra vágva
1 nagy piros kaliforniai paprika kimagozva, kimagozva és apróra vágva
2 evőkanál (20 g) darált vöröshagyma
1 csésze (150 g) koktélparadicsom, negyedelve
1 közepes uborka meghámozva, kimagozva és apróra vágva
2 mogyoróhagyma, apróra vágva és vékonyra szeletelve
2 teáskanál (1 g) friss kakukkfűlevél

ÚTVONALAK
KINÓA
Helyezze az alaplevet, a vizet, a quinoát és a sót az elektromos gyorsfőző belső edényébe. Keverjük össze és tegyük rá a fedőt. Zárja le a fedelet, ügyelve arra, hogy a gőzkioldó fogantyú a záró helyzetben legyen. Főzzük nagy nyomáson 4 percig. Amikor a quinoa elkészült, hagyja a nyomást 12 percig természetesen

felengedni, majd fordítsa el a gőzkioldó fogantyút szellőztetésre, és engedje el a maradék gőzt. Nyissa ki a fedelet, és óvatosan nyissa ki.

Tegye át a quinoát egy tálba, és tegye félre. Törölje ki az edényt, és térjen vissza a gyorsfőző edénybe.

VINAIGRETTE

Amíg a quinoa fő, elkészítjük a vinaigrettet. Egy szoros fedővel ellátott tálban vagy üvegben keverjük össze az öntet hozzávalóit emulgeálódni. Ha üveget használ, erőteljesen rázza fel, hogy összekeveredjen. Kóstoljuk meg és ízlés szerint módosítsuk a fűszereket.

ZÖLDSÉGEK

Megsütjük, és a belső edényben felforrósítjuk az olajat. Adjuk hozzá a sárgarépát, a zellert, a kaliforniai paprikát és a hagymát, és főzzük gyakran kevergetve, amíg a hagyma megpuhul, körülbelül 3 percig. Nyomja meg a Mégse gombot. Hozzáadjuk a párolt zöldségeket a főtt quinoához. Keverje hozzá a paradicsomot, az uborkát és a mogyoróhagymát. A tetejére szórjuk a kakukkfüvet. Öntsük meg a salátát körülbelül 3 evőkanál (45 ml) vinaigrette-vel, és dobjuk fel a szemek és a zöldségek bevonására. Kóstolja meg és módosítsa a fűszereket, ha szükséges, adjon hozzá még vinaigrettet. Helyezze a salátát a hűtőszekrénybe, és tálalásig hűtse le. Pihenés közben az ízek összeérnek. Tálalás előtt még egyszer átforgatjuk. Hűtve vagy szobahőmérsékleten tálalható.

Kitermelés: 4-6 adag

51. Sáfrányos rizottó

ÖSSZETEVŐK

1/2 teáskanál sáfrányszál
3 evőkanál (45 ml) forrásban lévő víz
1 evőkanál (15 ml) olíva- vagy növényi olaj 1/2 közepes hagyma, apróra vágva
1 gerezd fokhagyma, felaprítva
11/2 csésze (285 g) Arborio vagy Carnaroli rizs (ne helyettesítse más típusú rizst)
2 evőkanál (30 ml) száraz fehérbor (elhagyható)
13/4 csésze (415 ml) víz
2 csésze (470 ml) zöldségleves elosztva
1/2 teáskanál kóser vagy finom tengeri só
1/4 teáskanál frissen őrölt fekete bors
2 evőkanál (28 g) sótlan vaj vagy tejmentes/vegán alternatíva, például Earth Balance
1 teáskanál frissen reszelt citromhéj (elhagyható)
1 csésze (150 g) fagyasztott borsó
Reszelt parmezán sajt (elhagyható, tejmentes és vegán esetén elhagyható)

ÚTVONALAK

Egy kis tálban áztasd be a sáfrányt a forró vízbe.
Nyomja meg a Sauté gombot, hogy felmelegítse a kukta belső edényét.
Adjuk hozzá az olajat, és hevítsük fényesedésig, majd keverjük hozzá a hagymát és a fokhagymát. Főzzük gyakran kevergetve, amíg a hagyma kissé megpuhul, körülbelül 4 percig. Adjuk hozzá a rizst, és keverjük össze, hogy az összes szem olajjal bevonja.
Felöntjük a borral, és felszívódásig főzzük. Keverjük hozzá a vizet,

11/2 csésze (355 ml) alaplében, a sáfrány áztatóvízzel, sóval és borssal. Keverje meg, hogy ne ragadjon meg barnult darabka az edény alján. Nyomja meg a Mégse gombot.
Zárja le és zárja le a fedelet, ügyelve arra, hogy a fogantyú tömítő helyzetben legyen. Főzzük 4 percig nagy nyomáson. Ha kész, engedje természetes módon a nyomást 8 percig, majd fordítsa el a gombot légtelenítő helyzetbe, és gyorsan engedje el a maradék nyomást. Nyissa ki a fedelet, és óvatosan nyissa ki. A rizst simára keverjük, és az összes folyadékot belekeverjük. Keverje hozzá a vajat, amíg el nem olvad és a rizs krémes lesz. Hozzákeverjük a citromhéjat és a borsót. Helyezze vissza a fedőt, és hagyja a borsót 3 percig párolni. Kóstoljuk meg, és ha szükséges, sózzuk vagy borsozzuk a fűszereket. Dobd rá a rizst, hogy a borsó egyenletesen eloszlassa. Ha krémesebb, lazább állagot szeretne, keverje hozzá a maradék 1/2 csésze (120 ml) alaplevet.
Merőkanálba öntjük, mindegyiket megszórjuk egy kis parmezán sajttal, és tálaljuk.

Kitermelés: 4 adag

52. Tejszínes mac és sajt ropogós szalonnával

ÖSSZETEVŐK

4 szelet bacon, apróra vágva (opcionális, cserélje ki 2 evőkanál [30 ml] olajjal vegetáriánusok számára)
1/2 kisebb hagyma, lereszelve
33/4 csésze (880 ml) víz
12 uncia (340 g) nyers könyökmakaróni
11/2 teáskanál kóser vagy finom tengeri só
1 doboz (12 uncia vagy 340 g) párolt tej (nem édesített sűrített) vagy teljes tej
1 teáskanál száraz mustárpor
1 teáskanál fekete bors
1/2 teáskanál szerecsendió (opcionális)
24 uncia (672 g) aprított, rendkívül éles cheddar sajt
8 uncia (227 g) aprított fontina vagy Monterey Jack sajt
2 uncia (56 g) reszelt parmezán sajt
Csípős borsszósz, ízlés szerint

ÚTVONALAK

Nyomja meg a Sauté-t az elektromos gyorsfőzőn. Amikor felforrt, beletesszük a szalonnát a belső edénybe, és kevergetve ropogósra főzzük. Papírtörlővel bélelt tányérra tesszük kihűlni. Távolítsa el az összes zsírt 2 evőkanál (30 ml) kivételével a belső edényből. Adjuk hozzá a hagymát, és keverés közben főzzük, amíg teljesen megpuhul, körülbelül 5 percig. Nyomja meg a Mégse gombot.

Adjuk hozzá a vizet, a tésztát és a sót a belső edénybe. Keverjük össze, és ügyeljünk arra, hogy a tésztát teljesen ellepje a folyadék. Zárja le és zárja le a fedelet, ügyelve arra, hogy a gőzkioldó fogantyú tömítő helyzetben legyen. Főzzük nagy nyomáson 1 percig.

Ha kész, engedje természetes módon a nyomást 4 percig, majd lassan engedje le a maradék nyomást úgy, hogy a fogantyút a légtelenítés és a tömítés között mozgatja, és egyszerre egy kis gőzt enged ki. Használjon forró párnát a keze védelmére. Amikor az összes gőz kiengedett, nyissa ki a fedelet, és óvatosan nyissa ki.
Tesztelje a tésztát; csak lágynak és nem túl rágósnak kell lennie. Folytatja a főzést, amint befejezi az étel elkészítését. Ha több időre van szüksége, tegye vissza a fedőt a gyorsfőző edényre, és hagyja pihenni néhány percig.
A kifőtt tésztához keverjük a tejet, a mustárport, a borsot és a szerecsendiót. Egyenletes eloszlásig keverjük. Hozzáadjuk a sajtokat, apránként, és addig keverjük, amíg elolvad és krémes nem lesz, mielőtt még hozzáadnánk. Ha szükséges, adjunk hozzá egy kevés csípős paprikaszószt. Ha a szósz túl sűrűvé válik, adjon hozzá 1/4 csésze (60 ml) forró vizet vagy még többet a hígításhoz. Kóstolja meg, és ha szükséges, módosítsa a fűszereket. A szalonnát morzsoljuk össze, és szórjuk rá; azonnal tálaljuk.

Kitermelés: Körülbelül 4 adag

53. Klasszikus lasagne húsmártással

ÖSSZETEVŐK
A HÚSSZÓZSHOZ
1 evőkanál (15 ml) olíva- vagy növényi olaj 227 g darált marhahús
1/2 font (227 g) darált sertéshús (nem kolbász)
1 közepes hagyma, apróra vágva
2 gerezd fokhagyma, felaprítva
2 csésze (480 g) összetörve
1 evőkanál szárított oregánó
1/4 teáskanál egész édesköménymag
2 teáskanál (12 g) kóser vagy finom tengeri só 1/2 teáskanál frissen őrölt fekete bors
A SAJTKEVERÉKHEZ
1 csésze (240 g) ricotta sajt
1/2 csésze (50 g) reszelt parmezán sajt
2 evőkanál (5 g) apróra vágott friss bazsalikomlevél
2 teáskanál (1 g) szárított oregánó 1/2 teáskanál kóser vagy finom tengeri só
1/2 teáskanál frissen őrölt fekete bors Összeszereléshez
1/2 (10 uncia vagy 283 g) doboz sütőben használható lasagne tészta
11/2 csésze (180 g) reszelt mozzarella sajt 1/4 csésze (25 g) reszelt parmezán sajt Extra apróra vágott bazsalikomlevél, díszítéshez
A FŐZŐEDÉNYHEZ
11/2 csésze (355 ml) víz
ÚTVONALAK
Béleljen ki sütőpapírral egy 18 cm-es kerek rugós tepsi alját (mint ahogyan sajttorta készítéséhez használ). Az oldalakat pergamencsíkkal béleljük ki. Tekerje be a serpenyő alját egy fóliával, hogy ne legyen benne folyadék. Félretesz, mellőz.

HÚS SZÓSZ

Nyomja meg a Sauté-t az elektromos gyorsfőzőn. A belső edénybe öntjük az olajat, és megpirítjuk a húsokat. Egy kanállal vagy lapos szélű spatulával törje szét a csomókat, hogy a darabok a lehető legkisebbek legyenek. Hozzáadjuk a hagymát és a fokhagymát, és kevergetve addig főzzük, amíg a hagyma megpuhul, kb
4 perc. Keverje hozzá a paradicsomot, az oregánót, az édesköménymagot, a sót és a borsot. Körülbelül 5 percig pároljuk, hogy az ízek összeérjenek. Kóstoljuk meg a szószt, és ha szükséges, adjunk hozzá még sót vagy borsot. Egy tálba öntjük. Tisztítsa meg a belső edényt.

SAJTKEVERÉK

Egy tálban keverjük össze a ricotta sajtot, a parmezánt, a bazsalikomot, az oregánót, a sót és a borsot villával simára.

ÖSSZESZERELÉS

Az előkészített tepsi alját egy kevés szósszal bekenjük. Törje össze a lasagne tésztát, hogy egy rétegben elférjen a serpenyő alján.

Fedjük be a tésztát még több szósszal, a ricotta keverék felével és a mozzarella egyharmadával. Ismételje meg még kétszer, minden alkalommal finoman nyomja le a tésztaréteget, hogy kissé összenyomja. Az utolsó réteg szósz és mozzarella lesz. A tetejét megszórjuk parmezánnal.

Permetezzen be egy darab fóliát tapadásmentes zöldségspray-vel (liszt nélkül), és fektesse a tepsi tetejére permetezett oldalával lefelé. Enyhén préselje meg a fólia széleit, hogy a gőz ne kerüljön ki.

Öntsük a vizet a belső edény aljába. Helyezzen egy szegélyt az aljára. Helyezze a serpenyőt a tálcára. Zárja le és zárja le a fedelet, ügyelve arra, hogy a gőzkioldó fogantyú tömítő

helyzetben legyen. Főzzük nagy nyomáson 24 percig. Ha végzett, engedje természetes módon a nyomást 10 percig, majd fordítsa el a gőzkioldó fogantyút szellőztetésre, és engedje el a maradék gőzt. Nyissa ki a fedelet, és óvatosan nyissa ki.
Emelje ki a serpenyőt az edényből, távolítsa el a fóliát, és szúrjon be egy kést több helyre; nem ütközhet ellenállásba. Helyezze a tepsit egy tepsire. Ha szükséges, tegye a broiler alá, hogy a sajt megbarnuljon a tetején. Vegyük ki a sütőből, és tegyük félre 10 percig pihenni, mielőtt szeletekre vágnánk, minden darab tetejére szórjunk egy kevés apróra vágott bazsalikomot.
Kitermelés: 4 adag

54. Növényi makaróni saláta

ÖSSZETEVŐK

12 uncia (340 g) könyökmakaróni
Olíva vagy növényi olaj
21/2 teáskanál (15 g) kóser vagy finom tengeri só, osztva
1/2-3/4 csésze (120-180 ml) olasz salátaöntet, mint például a Girard's Olde Venice olasz öntet
1 teáskanál cukor (elhagyható)
1/2 teáskanál frissen őrölt fekete bors 1/2 teáskanál hagymapor
1/4 teáskanál őrölt zellermag
3 mogyoróhagyma vágva és apróra vágva
2 szár zeller, megtisztítva és apróra vágva
2 piros kaliforniai paprika kimagozva, kimagozva és apróra vágva
1 nagy uborka, apróra vágva
1/2 pint (150 g) koktélparadicsom félbevágva
1/2 csésze (50 g) szeletelt fekete olajbogyó
3 evőkanál (9 g) apróra vágott friss petrezselyem

ÚTVONALAK

Helyezze a tésztát az elektromos gyorsfőző belső edényébe. Adjunk hozzá friss vizet, hogy a tésztát 5 cm-rel ellepje. Keverjen el 2 teáskanál (12 g) sót a vízben, és ügyeljen arra, hogy a tészta ne tapadjon az edény aljához.
Zárja le és zárja le a fedelet úgy, hogy a gőzkioldó fogantyú tömítési helyzetben legyen. Főzzük nagy nyomáson 1 percig. Ha végzett, engedje természetes módon a nyomást 4 percig, majd fordítsa el a gőzkioldó fogantyút légtelenítésre, és engedje el a maradék gőzt. Amikor a nyomásszelep leesik, nyissa ki a fedelet, és óvatosan nyissa ki. A tésztát szűrőedénybe öntjük, hideg vízzel leöblítjük, hogy leállítsuk a főzést, majd alaposan leszűrjük. Tedd át egy nagy keverőtálba.

Egy tálban keverjük össze az öntetet, a cukrot (ha használjuk), 1/2 teáskanál sót, borsot, hagymaport és zellermagot. Öntsön 1/2 csészével (120 ml) a tésztát, és keverje hozzá a zöldségeket és a petrezselymet, és addig keverje, amíg egyenletesen el nem oszlik, és mindent bevon az öntettel. Kóstoljuk meg és igazítsuk hozzá a fűszereket, ha szükséges, adjunk hozzá még öntetet. Tálalásig hűtőszekrényben, lefedve tároljuk.

Kitermelés: 8-10 adag

55. Garnélarák és tészta citromos tejszínes szószban

ÖSSZETEVŐK
A TÉSZTAHOZ
12 uncia (340 g) penne tészta
1 teáskanál kóser vagy finom tengeri só Olívaolaj, feldobáshoz

A GARNÁKHOZ
1 evőkanál (15 ml) olíva- vagy növényi olaj
1 közepes mogyoróhagyma, darálva
11/2 font (680 g) nyers közepes garnélarák, meghámozva és kivágva
1/2 teáskanál darált friss kapor
Kóser vagy finom tengeri só és frissen őrölt fekete bors ízlés szerint

A citromos tejszínes szószhoz
3 evőkanál (42 g) sótlan vaj
11/2 csésze (355 ml) tejszín vagy párolt tej
11/2 gerezd fokhagyma, meghámozva
2 teáskanál (10 ml) frissen facsart citromlé
2 teáskanál (4 g) finomra reszelt citromhéj
11/4 csésze (125 g) reszelt parmezán sajt, osztva
Só és frissen őrölt fekete bors ízlés szerint
Finomra vágott friss olasz petrezselyem vagy metélőhagyma, díszítéshez

ÚTVONALAK
TÉSZTA

Helyezze a tésztát a kukta belső edényébe. Felöntjük annyi vízzel, hogy a tésztát 1 hüvelykkel (5 cm) ellepje. Keverjük össze a tésztát, hogy ne tapadjon az edény aljához. Szórjuk a sót a vízbe. Zárja le és zárja le a fedelet, ügyelve arra, hogy a gőzkioldó fogantyú tömítő helyzetben legyen. Főzzük nagy nyomáson 2 percig.

Ha kész, engedje el a nyomást természetesen 3 percig, majd hajtson végre szabályozott kioldást a gőzkioldó fogantyújának félútra forgatásával a tömítés és a légtelenítés között. Védje a kezét melegítőpárnával. Ha az összes gőzt kiengedte, nyomja meg a Mégse gombot. Nyissa ki a fedelet, és óvatosan nyissa ki. A tésztát szűrőedénybe öntjük, lecsepegtetjük, és kevés olajon meglocsoljuk, hogy ne ragadjon össze. Törölje ki a belső edényt.

GARNÉLARÁK

Nyomjuk meg a Saute-t, és melegítsük fel a belső edényt. Adjuk hozzá az olajat, és ha forró, keverjük hozzá a medvehagymát. Körülbelül 1 percig főzzük, amíg el nem kezd színedni. Adjuk hozzá a garnélarákot és a kaprot, és keverjük össze, hogy bevonja az olajat. Főzzük gyakran kevergetve, amíg a garnélarák átlátszatlan nem lesz, és mindkét oldala rózsaszínűvé nem válik, mindegyik 1-2 percig, amíg éppen kész. Enyhén megszórjuk sóval, borssal. Egy lyukas kanál segítségével kanalazzuk ki a garnélarákot az edényből, és adjuk hozzá a tésztához; fedjük le, hogy melegen tartsuk.

CIROMOS KRÉMSZÓSZ

Adja hozzá a vajat a belső edénybe, melegítse, amíg teljesen fel nem olvad. Hozzákeverjük a tejszínt, a fokhagymát, a citrom levét és a héját. Addig főzzük, amíg felmelegszik, gyakran kavargatva, nehogy megégjen. Dobja el a fokhagymát. Habverj bele 1 csésze (100 g) parmezán sajtot simára. Nyomja meg a Mégse gombot. Kóstoljuk meg, és ha szükséges, sózzuk, borsozzuk a fűszereket.

Adja hozzá a tésztát és a garnélarákot a szószhoz, és keverje össze, hogy minden darabot alaposan bevonjon. Helyezze vissza a fedőt, és hagyja pihenni néhány percig, vagy amíg a tészta és a garnélarák át nem melegednek. Adjunk hozzá egy csepp vizet, ha a szósz túl sűrű lenne.

Tálaláskor a tésztát és a garnélarákot tálakba kanalazzuk, és mindegyik adag tetejét megszórjuk 1 evőkanál (6 g) maradék parmezán sajttal és kevés petrezselyemmel. Forrón tálaljuk.

Kitermelés: 4 adag

Sertés bélszín marsala és penne tészta

ÖSSZETEVŐK

8 uncia (227 g) penne tészta
2 teáskanál (12 g) kóser vagy finom tengeri só, plusz még ízlés szerint
2 evőkanál (30 ml) olíva- vagy növényi olaj, elosztva, plusz még több csepegtetéshez
1 (kb. 11/2 kilós, vagyis 680 g) sertésbélszín
4 szelet pancetta vagy bacon, apróra vágva
1 kis hagyma, apróra vágva
1 gerezd fokhagyma, felaprítva
3/4 csésze (180 ml) édes Marsala bor vagy csirke alaplé
1/4 csésze (60 ml) csirke alaplé
Több ág friss kakukkfű
2 evőkanál (16 g) kukoricakeményítő
3 evőkanál (45 ml) hideg víz Frissen őrölt fekete bors, igény szerint Darált friss petrezselyem, díszítéshez
8 uncia (227 g) cremini vagy vargánya gomba szárral és félbe vagy negyedbe vágva

ÚTVONALAK

Helyezze a pennét az elektromos gyorsfőző belső edényébe. Töltse fel az edényt friss vízzel, hogy 5 cm-rel ellepje. Keverjük hozzá a sót. Zárja le és zárja le a fedelet, ügyelve arra, hogy a gőzkioldó fogantyú tömítő helyzetben legyen. Főzzük nagy nyomáson 2 percig. Ha kész, engedje el természetes módon a nyomást 3 percig, majd hajtsa végre a szabályozott kioldást úgy, hogy a fogantyút félúton tartja a tömítés és a légtelenítés között. Védje a kezét melegítőpárnával. Ha az összes gőzt kiengedte, nyomja meg a Mégse gombot.

Nyissa ki a fedelet, és óvatosan nyissa ki. A tésztát szűrőedénybe öntjük és leszűrjük. Meglocsoljuk egy kis olajjal, és átforgatjuk, hogy ne ragadjon össze. Tegye félre, és időnként keverje meg.
Nyomja meg a Saute-t, és melegítsen 1 evőkanál (15 ml) olajat a belső edényben. Amikor forró, hozzáadjuk a sertéshúst. 3 percig sütjük mindkét oldalát. Tegye a sertéshúst egy tányérra, és fóliával sátrazza, hogy segítsen melegen tartani. Adjuk hozzá a maradék olajat az edényhez. Keverjük hozzá a pancettát, és főzzük enyhén ropogósra, körülbelül 4 percig, gyakran kevergetve. Tedd át a pancettát egy tálba. Távolítsa el a zsírt 2 evőkanál (30 ml) kivételével. Adjuk hozzá a hagymát az edényhez, és keverjük 3 percig, amíg megpuhul. Keverjük hozzá a fokhagymát, főzzük 30 másodpercig, majd keverjük hozzá a gombát. Főzzük gyakran kevergetve 2 percig.
Felöntjük a Marsala borral és a csirke alaplével. Kaparja meg a serpenyő alját, hogy meglazítsa a megbarnult darabokat. Tegye vissza a sertéshúst és a levét az edénybe. Adjuk hozzá a főtt pancettát. Zárja le és zárja le a fedelet, ügyelve arra, hogy a gőzkioldó fogantyú tömítő helyzetben legyen.
Főzzük nagy nyomáson 5 percig. Ha kész, engedje el a nyomást természetes módon 7 percig, majd fordítsa el a gőzkioldó fogantyút légtelenítésre, és engedje el a maradék gőzt. Nyissa ki a fedelet, és óvatosan nyissa ki. Nyomja meg a Mégse gombot. Vegye ki a sertéshúst az edényből, azonnali leolvasású hőmérővel ellenőrizze, hogy a közepén elérte-e a 140°F-ot (ha több időre van szüksége, tegyük vissza az edénybe, és hagyjuk még néhány percig pihenni), tegyük vágódeszkára, fedjük le és tartsuk melegen.
Adjuk hozzá a kakukkfüvet az edényhez. Egy kis tálban keverjük össze a kukoricakeményítőt és a vizet, amíg teljesen

fel nem oldódik. Nyomjuk meg a Sauté-t és keverjük bele a kukoricakeményítő zagyot az edényben lévő főzőfolyadékba. Folyamatos kevergetés mellett főzzük, amíg besűrűsödik. Kóstolja meg, és ha szükséges, módosítsa a fűszereket.
A tésztát belekeverjük a szószba, és a bélszínt visszatesszük az edénybe. Helyezze vissza a fedőt, és hagyja 1-2 percig pihenni, hogy a tészta felmelegedjen. Nyomja meg a Mégse gombot.
A sertéshúst vastag szeletekre vágjuk. A sertéshúst elosztjuk a tányérok között, hozzáadunk a tésztából, a szósszal és a gombával, megszórjuk petrezselyemmel, és forrón tálaljuk.
Kitermelés: 3-4 adag

FŐÉTEL

56. Klasszikus egészben sült csirke

ÖSSZETEVŐK

1 (3-5 font vagy 1362-2270 g) egész csirke
1 evőkanál (18 g) só, osztva
1 citrom félbevágva
1 hagyma, negyedekre vágva
2 teáskanál (4 g) frissen őrölt bors
2 teáskanál (4 g) paprika
1 teáskanál szárított kakukkfű
1 csésze (235 ml) víz
Olaj vagy olvasztott sózatlan vaj (opcionális, a bőr ropogósításához)

ÚTVONALAK

Távolítson el minden belsőséget vagy egyéb belsőséget a csirke üregéből. Papírtörlővel töröljük szárazra. Szórjon 1 teáskanál (6 g) sót a csirke belsejébe. Helyezze a vágott citrom- és hagymadarabokat a csirkeüregbe. A maradék 2 teáskanál (12 g) sót, borsot, paprikát és kakukkfüvet egyenletesen szórja a csirkére.

Tegyen egy edényt az elektromos gyorsfőző belső edényébe, és öntse hozzá a vizet. Helyezze a fűszerezett csirkét, a mellével felfelé, a tányér tetejére.
Zárja le és zárja le a fedelet, ügyelve arra, hogy a gőzkioldó gomb tömítő helyzetben legyen. Főzzük nagy nyomáson 6 percig fontonként (454 g).

Kitermelés: 4 adag

57. BBQ Baby hátsó bordák

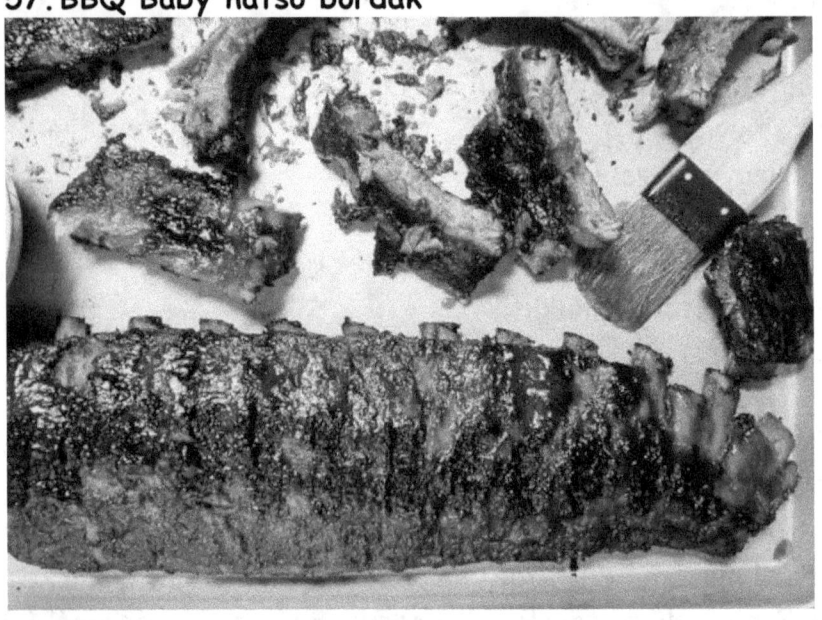

ÖSSZETEVŐK

1 (3 font vagy 4 kg) baba hátsó bordatartó
2 evőkanál (30 g) barna cukor
1 evőkanál (6 g) füstölt paprika
1 evőkanál (6 g) chili por
1 evőkanál (18 g) kóser vagy finom tengeri só
2 teáskanál (1 g) szárított kakukkfű levél
2 teáskanál (2 g) hagymapor
1 teáskanál fokhagyma por
1 teáskanál frissen őrölt fekete bors
Kedvenc barbecue szószod
A főzőedényhez
11/4 csésze (295 ml) víz

ÚTVONALAK

A bordákat csontos felével felfelé egy tepsire fektetjük, és távolítsuk el a felületet borító membránt. Helyezze az edényt a belső edény aljába, és öntse fel a vizet.

Egy kis tálban keverjük össze a barna cukrot, a füstölt paprikát, a chiliport, a sót, a kakukkfüvet, a hagymaport, a fokhagymaport és a borsot. Dörzsölje be a fűszerkeverékkel a bordák minden oldalát. Állítsa a bordákat a belső edény szélei köré.

Zárja le és zárja le a fedelet, ügyelve arra, hogy a gőzkioldó fogantyú tömítő helyzetben legyen. Főzzük nagy nyomáson 17 percig. Ha kész, engedje el természetes módon a nyomást 10 percig, majd mozgassa a fogantyút a légtelenítéshez, és engedje ki a maradék gőzt. Nyissa ki a fedelet, és óvatosan nyissa ki. Nyomja meg a Mégse gombot.

Fogó segítségével helyezze át a bordákat egy tiszta tepsire. A brojlert előmelegítjük. Enyhén megkenjük a bordák egyik oldalát barbecue szósszal. Csúsztassa a bordákat a broiler alá néhány percre, amíg a szósz fel nem forr. Fordítsa meg a darabokat, és ismételje meg a sütést, és kenje meg több szósszal. Óvatosan figyelje meg, hogy a bordák ne égjenek meg.

Forrón tálaljuk, további szósz kerül az asztalra.

Kitermelés: 2-3 adag

58. Anya régimódi fazéksültje

ÖSSZETEVŐK

1 (3 font vagy 4 kg) kicsontozott tokmánysült
3/4 teáskanál kóser vagy finom tengeri só
1/2 teáskanál frissen őrölt fekete bors
2 evőkanál (30 ml) olívaolaj
2 csésze (470 ml) marhahúsleves
1/2 csésze (120 ml) száraz vörösbor vagy víz 1 nagy hagyma, durvára vágva 1 gerezd fokhagyma, darált 2 babérlevél
1 teáskanál szárított rozmaringlevél
3 nagy burgonya, meghámozva és nagy kockákra vágva
4 nagy sárgarépa, vágva és nagy kockákra vágva
1/4 csésze (60 ml) hideg víz
2 evőkanál (16 g) kukorica- vagy burgonyakeményítő
1/3 csésze (50 g) fagyasztott borsó (opcionális)
2 evőkanál (6 g) finomra vágott friss petrezselyem

ÚTVONALAK

Papírtörlővel töröljük szárazra a húst, majd sózzuk, borsozzuk. Nyomjuk meg a Saute-t és öntsük az olajat a belső edénybe. Amikor az olaj csillog, hozzáadjuk a húst, és mindkét oldalát megpirítjuk, oldalanként körülbelül 5 percig. Adjuk hozzá az alaplevet és a bort, és keverjük össze, hogy a serpenyő alján megpiruljanak a barnultak. Keverje hozzá a hagymát, a fokhagymát, a babérlevelet és a rozmaringot. Nyomja meg a Mégse gombot.

Zárja le és zárja le a fedelet, ügyelve arra, hogy a gőzkioldó fogantyú tömítő helyzetben legyen. Főzzük nagy nyomáson 70 percig.

Ha kész, hagyja, hogy az edény természetes módon engedje fel a nyomást 12 percig, majd fordítsa a gőzkioldó fogantyút szellőztetésre, és engedje el a maradék gőzt. Nyissa ki a fedelet, és óvatosan nyissa ki.

Gyorsan tedd az edénybe a burgonyát és a sárgarépát, helyezd vissza a fedőt, állítsd a gőzkioldó fogantyút záró helyzetbe, állítsd vissza a nyomást, és főzd nagy nyomáson 3 percig. Mozgassa a fogantyút a szellőzőbe, és engedje ki a gőzt. Nyissa ki a fedelet, és óvatosan nyissa ki.

Egy lyukas kanál és fogó segítségével tegyük át a húst és a zöldségeket egy tálra. Dobja el a babérleveleket, és fóliával sátrazza le, hogy melegen tartsa. Nyomja meg a Mégse gombot. Egy kis tálban keverjük össze a vizet és a kukoricakeményítőt. Habverés közben lassan öntse a kukoricakeményítő zagyot a főzőfolyadékba, amíg teljesen el nem keveredik. Nyomja meg a Sauté-t, és forralja fel az edényben lévő folyadékot állandó keverés mellett. Addig főzzük, amíg besűrűsödik, körülbelül 1 percig, majd kóstoljuk meg, és ha szükséges, módosítsuk a fűszereket. Nyomja meg a Mégse gombot.

Belekeverjük a borsót, majd a húst és a zöldségeket visszatesszük az edénybe, a szószba keverve. Tedd rá a fedőt az edényre, és hagyd állni 4 percig, vagy amíg a borsó felolvad és a hús átmelegszik. A húst és a zöldségeket tálakba kanalazzuk a szósszal, megszórjuk az apróra vágott petrezselyemmel, és tálaljuk.

Kitermelés: 4-6 adag

59. Délnyugati fasírt

ÖSSZETEVŐK

1 evőkanál (15 ml) olíva- vagy növényi olaj 1/2 nagy hagyma, nagyon apróra vágva
2 szár zeller, nagyon apróra vágva
2 sárgarépa, nagyon apróra vágva
1 piros kaliforniai paprika kimagozva, kimagozva és nagyon apróra vágva
1 font (454 g) sovány darált marhahús
1 evőkanál (15 ml) Worcestershire szósz (a Lea & Perrins márka gluténmentes)
2 teáskanál (1 g) apróra vágott friss koriander
2 teáskanál (4 g) ancho chile por vagy chili por
1 teáskanál kóser vagy finom tengeri só
1 teáskanál őrölt kömény
1/2 teáskanál frissen őrölt fekete bors 1/4 teáskanál fokhagymapor (nem fokhagymás só)
1/4 csésze (60 ml) barbecue szósz
1 csésze (60 ml) víz

ÚTVONALAK

Nyomja meg a Sauté-t az elektromos gyorsfőzőn. Amikor a belső edény felforrósodott, hozzáadjuk az olajat. Adjuk hozzá a hagymát, a zellert, a sárgarépát és a borsot, és főzzük gyakran kevergetve, amíg a hagyma megpuhul, 3-5 percig. Nyomja meg a Mégse gombot. Vegye ki a belső edényt a gépből, és tegye félre, hogy kissé kihűljön.

Egy tálban keverje össze a húst a Worcestershire-vel és a fűszerekkel, kézzel keverje össze, amíg egyenletesen fűszerezi. Adja hozzá a kihűlt zöldségeket, és hajtsa be. Amikor egyenletesen eloszlott, a húst egy kb. 6 hüvelyk (15 cm) átmérőjű, domború korongba verje, és tegye egy 7 hüvelykes (18 cm) kerek tepsibe. Kenjük meg a barbecue szósszal a cipó tetejét. Fedjük le a serpenyőt alufóliával. Törölje ki a belső edényt.

A belső edény aljába tegyünk egy kavicsot, és öntsük fel a vízzel. Helyezze a fasírtot egy fogantyús rácsra vagy egy hevederre, és engedje le a tálcára. Zárja le és zárja le a fedelet, ügyelve arra, hogy a gőzkioldó fogantyú tömítő helyzetben legyen. Főzze nagy nyomáson 22 percig, vagy amíg az azonnali leolvasású hőmérő legalább 71°C-ot nem jelez, amikor a fasírt közepébe helyezi.

Ha kész, engedje el természetes módon a nyomást 8 percig, majd engedje el a maradék nyomást úgy, hogy a fogantyút szellőztető helyzetbe mozdítja. Nyissa ki a fedelet, és óvatosan nyissa ki.

Emeljük ki a hevedert a belső edényből, óvatosan vegyük le a tepsiről a fóliát, és tegyük át a fasírtot egy tepsibe. Ha szükséges, néhány percre a brojler alá csúsztathatja, hogy a teteje megbarnuljon.

Szeletekre vágva tálaljuk, és további barbecue szószt öntünk az asztalra.

Kitermelés: 4 adag

60. Sült pulykamell könnyű mártással

ÖSSZETEVŐK
TÖRÖKORSZÁG RÉSZÉRE

3 evőkanál (45 ml) olíva- vagy növényi olaj, elosztva
1 (4-5 font, vagy 8-3 kg) pulykamell
3 evőkanál (6 g) apróra vágott friss kakukkfű
2 evőkanál (6 g) apróra vágott friss rozmaring
2 teáskanál (12 g) só
1 evőkanál (6 g) frissen tört fekete bors
5 gerezd fokhagyma, felaprítva
2 evőkanál (28 g) sótlan vaj
1/2 közepes hagyma, szeletelve
1 csésze (235 ml) csirke alaplé
A mártáshoz
3 evőkanál (42 g) sótlan vaj
3 evőkanál (24 g) kukoricakeményítő vagy burgonyakeményítő
1/2 csésze (120 ml) fele-fele só és bors ízlés szerint

ÚTVONALAK
PULYKA

Csorgassunk rá 1 evőkanál (15 ml) olajat az egész pulykamellre. Bekenjük a kakukkfűvel, rozmaringgal, sóval, borssal és a darált fokhagymával.

Nyomja meg a Sauté-t az elektromos gyorsfőzőn. Amikor a belső edény forró, adjuk hozzá a 2 evőkanál (28 g) vajat és a maradék 2 evőkanál (30 ml) olívaolajat. Amikor a vaj felolvadt, hozzáadjuk a pulykamellet, és minden oldalát megpirítjuk, körülbelül 8 percig. Amikor a pulyka aranybarna, tegyük át tányérra vagy vágódeszkára.

A maradék pulykassírban hozzáadjuk a hagymát, és 3-4 percig puhára pároljuk. Nyomja meg a Mégse gombot.

Adjuk hozzá a levest az edényhez. Keverjük össze, hogy a megbarnult darabokat felkaparjuk. Helyezze az edényt a belső

edény aljába, a hagyma tetejére. Helyezze a barnára sült pulykát a tányér tetejére.
Zárja le és zárja le a fedelet, ügyelve arra, hogy a gőzkioldó gomb tömítő helyzetben legyen. Főzzük nagy nyomáson 35 percig. Amikor a pulyka elkészült, hagyjon 15 percig természetes felszabadulást, majd mozgassa a fogantyút a légtelenítéshez, és engedje ki a maradék gőzt.
Amikor az úszócsap leesik, nyissa ki a fedelet, és óvatosan nyissa ki.
Azonnali leolvasású hőmérővel ellenőrizze, hogy a pulykája legalább 74 °C-on van-e. Ha nem, tegye vissza a fedőt, és főzze nagy nyomáson további 4-5 percig 10 perces természetes kioldással. Ha a pulyka biztonságos hőmérséklete elérte a 74 °C-ot, vegye ki a gyorsfőzőből, és tegye át egy vágódeszkára. A pulykamellet letakarjuk alufóliával, és szeletelés előtt 15 percig pihentetjük.

SZAFT

Miután kivette a pulykamellet a gyorsfőzőből, nyomja meg a Sauté-t. Adja hozzá a 3 evőkanál (42 g) vajat a serpenyő alján lévő folyadékhoz. Addig főzzük, amíg a vaj elolvad.
Egy kis tálban keverje össze a kukoricakeményítőt és 3 evőkanál (45 ml) főzőfolyadékot az edényből, hogy szuszpenziót kapjon. Tegye vissza a zagyot az edénybe, és keverje tovább, amíg a szósz besűrűsödik, körülbelül 2 percig. Hozzáadjuk a felét és addig keverjük, amíg át nem melegszik. Sózzuk, borsozzuk ízlés szerint.
A mártást a felszeletelt pulykamellre öntjük és tálaljuk.

Kitermelés: 8 adag

61. Garnélarák és gríz

ÖSSZETEVŐK
A GARNÁKHOZ
1 font (454 g) garnélarák, meghámozva és kivágva
1 evőkanál (3 g) Old Bay fűszerezés (az Old Bay gluténmentes)
3 szelet füstölt szalonna, felkockázva (az Applegate Farmsban van szalonna)
1 közepes sárgahagyma apróra vágva
1 piros vagy zöld kaliforniai paprika kimagozva, kimagozva és apróra vágva
3 gerezd fokhagyma, felaprítva
1/2 csésze (120 ml) csirke alaplé
1 (15 uncia vagy 406 g) doboz kockára vágott paradicsom
2 evőkanál (30 ml) frissen facsart citromlé
1/2 teáskanál Tabasco vagy csípős szósz, ízlés szerint 1/2 teáskanál só
1/2 teáskanál frissen tört fekete bors 1/4 csésze (60 ml) tejszín
1/4 csésze (25 g) vékonyra szeletelt mogyoróhagyma, csak zöld részek

A grízhez
3/4 csésze (105 g) dara (például Bob's Red Mill durva kukoricadara)
11/2 csésze (355 ml) teljes tej 11/2 csésze (355 ml) víz 1/2 teáskanál só
1/2 teáskanál frissen tört fekete bors
2 evőkanál (28 g) sótlan vaj

ÚTVONALAK
GARNÉLARÁK

Szárítsa meg a garnélarákot, szórja meg az Old Bay fűszerezéssel, és tegye félre.

Nyomja meg a Sauté-t az elektromos gyorsfőzőn. Amikor a belső edény forró, hozzáadjuk a kockára vágott szalonnát, és ropogósra főzzük 3-5 percig. A szalonnát papírtörlővel bélelt tányérra tesszük, de a szalonnacseppeket az edényben hagyjuk. Adjuk hozzá a hagymát és a kaliforniai paprikát az edénybe, és főzzük, amíg a hagyma puha és áttetsző lesz, 2-3 percig. Adjuk hozzá a fokhagymát, és főzzük további 30 másodpercig, amíg illatos lesz.

Adjuk hozzá a csirkehúslevet az edényhez, és alaposan keverjük össze, hogy az aljáról minden megbarnult darab kiszabaduljon. Adjuk hozzá a paradicsomot és a levét, a citromlevet, a csípős szószt, sózzuk, borsozzuk. Keverjük össze. Nyomja meg a Mégse gombot.

Helyezzen egy szegélyt az edénybe. Ügyeljen arra, hogy a tányér alapja a szósz felett legyen.

KUKORICADARA

Egy közepes üveg vagy rozsdamentes acél tálban, amely elfér a kukta belsejében, keverje össze a grízt, a tejet, a vizet, a sót és a borsot. Fedjük le a tálat alufóliával, a széleit préseljük össze, hogy lezárjuk. Egy fóliaheveder segítségével óvatosan helyezze a tálat a belső edényben lévő szegélyre.

Zárja le és zárja le a fedelet, ügyelve arra, hogy a gőzkioldó fogantyú tömítő helyzetben legyen. Főzzük nagy nyomáson 10 percig. Hagyjon természetes nyomást 15 percig, majd fordítsa el a gombot légtelenítő helyzetbe, és engedje el a maradék gőzt. Amikor az úszócsap leesik, nyissa ki a fedelet, és óvatosan nyissa ki. Vegye ki a tálat a darával és tegye félre.

Egy csipesszel távolítsuk el az edényből az alátétet. Adjuk hozzá a fűszerezett garnélarákot az edényhez. Zárja le és zárja le ismét a fedelet, hogy a garnélarák a maradék hőben 6-8 perc alatt befejezze a főzést.
Amíg a garnélarák sül, adjuk hozzá a vajat a darához, és addig keverjük, amíg a vaj teljesen elolvad, és a keverék krémes lesz. Nyissa ki a gyorsfőzőt, és óvatosan keverje össze a garnélarákot. Nyomja meg a Mégse gombot. Nyomja meg a Sauté-t, majd keverje hozzá a tejszínt a garnélarákos keverékhez. Folyamatos kevergetés mellett addig melegítjük, amíg át nem melegszik. Ne forraljuk fel a szószt.
Egyedi tálalóedényekbe kanalazzuk a grízt, majd öntsük rá a garnélarákot és a szószt. Díszítsük mogyoróhagymával és fenntartott szalonnával.

Kitermelés: 4 adag

62. Csodálatos húsgombóc stroganoff

ÖSSZETEVŐK

1 font (454 g) darált pulyka
1 tojás
2 evőkanál (30 ml) tej
1 teáskanál hagymapor
1/4 csésze (12 g) apróra vágott friss petrezselyem, plusz még a díszítéshez
1 evőkanál (2 g) friss kakukkfűlevél
1 teáskanál só
1 teáskanál frissen őrölt fekete bors
2 evőkanál (30 ml) olívaolaj
1 közepes vöröshagyma, vékonyra szeletelve
3 gerezd fokhagyma, felaprítva
2 1/2 csésze (588 ml) marhahúsleves, osztva
1/2 csésze (120 g) tejföl
2 evőkanál (16 g) burgonyakeményítő
1 teáskanál füstölt paprika
1 evőkanál (15 g) paradicsompüré
1 evőkanál (6 g) marhahúsleves granulátum
1/2 teáskanál Worcestershire szósz
1/2 font (227 g) szeletelt gomba
2 evőkanál (16 g) kukoricakeményítő
2 evőkanál (30 ml) hideg víz

ÚTVONALAK

Egy nagy tálban keverje össze a darált pulykát, a tojást, a tejet, a hagymaport, a petrezselymet, a kakukkfüvet, a sót és a borsot, amíg össze nem áll. Formázzunk 20 (1 hüvelykes vagy 5 cm-es) húsgombócokat.

Nyomja meg a Sauté-t az elektromos gyorsfőzőn. Amikor a belső edény felforrósodott, hozzáadjuk az olajat, és oldalanként 2-3 percig pirítjuk a húsgombócokat. Ha a

húsgombócok megbarnultak, tegyük őket egy tálba, és tegyük félre.
Adjuk hozzá a szeletelt hagymát az edényhez, és főzzük 3-4 percig, amíg megpuhul. Adjuk hozzá a fokhagymát, és főzzük további 30 másodpercig, amíg illatos lesz. Adjunk hozzá 1 csésze (235 ml) marhahúslevest a serpenyőbe, és kaparjunk fel minden megbarnult darabot az edény aljáról.
Egy kis tálban keverje össze a maradék 11/2 csésze (353 ml) marhahúslevet, a tejfölt, a burgonyakeményítőt, a paprikát, a paradicsompürét, a húslevest és a Worcestershire szószt. Keverjük jól össze. A már serpenyőben lévő hagymás keverékhez adjuk. Tegyük vissza a húsgombócokat az edénybe, és merítsük teljesen a szószba.
Zárja le és zárja le a fedelet, ügyelve arra, hogy a gőzkioldó fogantyú tömítő helyzetben legyen. Főzzük nagy nyomáson 10 percig.
Amikor a főzési idő lejárt, kapcsolja ki a gyorsfőző edényt, és hagyja a természetes kioldódást 20 percig, vagy amíg az úszócsap le nem esik. Amikor az úszócsap leesett, nyissa ki a fedelet, és óvatosan nyissa ki.
Adjuk hozzá a felszeletelt gombát az edénybe. Jól keverjük össze, majd zárjuk le a fedőt, és hagyjuk állni 3 percig, hogy a gomba megpuhuljon.
Egy kis tálban keverjük össze a kukoricakeményítőt és a hideg vizet, hogy szuszpenziót kapjunk. Nyomja meg ismét a Sauté vagy Browning gombot az elektromos gyorsfőzőn, és hagyja, hogy a szósz felmelegedjen. Amikor a szósz forr, adjuk hozzá a kukoricakeményítőt az edényhez, és folyamatosan keverjük 2 percig, vagy amíg a szósz besűrűsödik.
Kívánság szerint megszórjuk további petrezselyemmel.
Kitermelés: 5 adag (egyenként 4 húsgombóc)

63. Növényi lasagne

ÖSSZETEVŐK

1 evőkanál (15 ml) olívaolaj
1 közepes hagyma, felkockázva
4 gerezd fokhagyma, felaprítva
1 teáskanál pirospaprika pehely
2 csésze (140 g) szeletelt gomba
1 csésze (120 g) apróra vágott sárgarépa
1 csésze (150 g) apróra vágott piros kaliforniai paprika 11/2 csésze (355 ml) víz
1 csésze (240 g) zsírszegény ricotta sajt vagy kis túrós túró
11/2 csésze (180 g) részben sovány mozzarella sajt, osztva
1 csésze (100 g) reszelt parmezán sajt, osztva
1 tojás
1 evőkanál (6 g) szárított oregánó
1 teáskanál szárított petrezselyem
6-9 főzés nélküli, sütőben kész, lasagne tészta
3 csésze (750 g) kedvenc marinara szószod
1/4 csésze (10 g) apróra vágott friss bazsalikomlevél
2 közepes cukkini, hosszában vékonyra szeletelve

ÚTVONALAK

Nyomja meg a Sauté-t az elektromos gyorsfőzőn. Amikor a belső edény felforrósodott, hozzáadjuk az olajat és a hagymát. Főzzük 2-3 percig, vagy amíg a hagyma el nem kezd puhulni. Adjuk hozzá a fokhagymát és a pirospaprika pelyhet, és főzzük további 30 másodpercig, amíg a fokhagyma illatos lesz.

Adja hozzá a gombát, a sárgarépát és a kaliforniai paprikát az edénybe. Főzzük még 2 percig. A megpirított zöldségeket egy közepes tálba szedjük. Engedje le a felesleges folyadékot. Félretesz, mellőz.

Öblítse ki az edényt, és jól szárítsa meg kívül-belül. Helyezze vissza a belső edényt a kukta testébe. Az edény aljába tegyünk egy kavicsot, és öntsük hozzá a vizet. Permetezzen be egy 7 x 3 hüvelykes (18 x 6 cm) tolóformát vagy kerek tortaformát tapadásmentes főzőpermettel.

Egy kis tálban keverje össze a ricotta sajtot, 1 csésze (120 g) mozzarella sajtot, 1/2 csésze (50 g) parmezán sajtot, tojást, oregánót és petrezselymet. Félretesz, mellőz.

Törjünk fel 3 tésztadarabot, és helyezzük el egyenletesen a serpenyő alján. Egy kis átfedés jó. Kenjen meg 1 csésze (250 g) marinara szószt a tésztára. A szószra rétegezzük az apróra vágott bazsalikom felét. Hozzáadjuk a cukkiniszeletek felét, és a lecsepegtetett zöldségkeverék felét a szeletekre kenjük. A sajtos keverék felét a zöldségekre kenjük, lehetőleg egyenletesen elosztva.

Ismételje meg egy másik réteg tésztával, szósszal, bazsalikommal, cukkinivel, zöldségekkel és sajttal. A tetejére kenjük a maradék 3 tésztalapot és a maradék 1 csésze (250 g) paradicsomszószt. A tetejére szórjuk a maradék 1/2 csésze (60 g) mozzarellát és a maradék 1/2 csésze (50 g) parmezán sajtot. Fedjük le a serpenyőt alufóliával, a széleit préseljük össze, hogy lezárjuk. Fólia heveder segítségével engedje le a lasagne serpenyőt a tálcára.

Zárja le és zárja le a fedelet, ügyelve arra, hogy a gőzkioldó gomb tömítő helyzetben legyen. Főzzük nagy nyomáson 20 percig. Amikor a főzési idő lejárt, hagyjon 10 percet természetes kiengedni, majd forgassa a gombot szellőztető helyzetbe, és engedje el a maradék gőzt. Amikor az úszócsap leesik, nyissa ki a fedelet, és óvatosan nyissa ki.

Hagyja pár percig állni a lasagnét, hogy megdermedjen, majd óvatosan vegye ki a serpenyőből.

Kitermelés: 4 adag

64. Lencse hanyag joes

ÖSSZETEVŐK

1 evőkanál (15 ml) növényi olaj
1 nagy sárga hagyma, felkockázva
5 gerezd fokhagyma, felaprítva
2 sárgarépa, meghámozva és apróra vágva
1 zöld kaliforniai paprika kimagozva, kimagozva és felkockázva
2 csésze (380 g) barna vagy zöld lencse, leöblítve
1 csésze (235 ml) víz vagy zöldségalaplé
1 (15 uncia vagy 406 g) doboz tűzön sült kockára vágott paradicsom
1 (15 uncia vagy 420 g) doboz paradicsomszósz
3 evőkanál (45 g) paradicsompüré
2-3 evőkanál (30-45 g) barna cukor
2 evőkanál (30 ml) Worcestershire szósz
2 teáskanál (4 g) őrölt kömény
1 evőkanál (6 g) chili por
2 teáskanál (4 g) füstölt paprika
4 hamburger zsemle, pl. Udi, a tálaláshoz

ÚTVONALAK

Nyomja meg a Sauté-t az elektromos gyorsfőzőn. Amikor a belső edény felforrósodott, hozzáadjuk az olajat. Hozzáadjuk a hagymát, és addig pároljuk, amíg éppen el nem kezd puhulni, 3 percig. Adjuk hozzá a fokhagymát, és főzzük további 30 másodpercig, amíg illatos lesz.

Adja hozzá az összes többi hozzávalót (a zsemle kivételével) az edénybe, és jól keverje össze.

Zárja le és zárja le a fedelet, ügyelve arra, hogy a gőzkioldó gomb tömítő helyzetben legyen. Főzzük nagy nyomáson 15 percig. Amikor a főzési idő lejárt, engedje a teljes természetes nyomásoldást (kb. 20 perc). Amikor az úszócsap leesett, nyissa ki a fedelet, és óvatosan nyissa ki.

Kóstoljuk meg és ízlés szerint módosítsuk a fűszereket. Adjon hozzá több chiliport vagy köményt a fűszerezéshez és a füstösséghez, a barna cukrot az édesebb lompos Joe-hoz, vagy egy kicsit több Worcestershire-t a mélyebb ízért.

Kitermelés: 4 adag

65. Sajtos au gratin burgonya

ÖSSZETEVŐK

2 evőkanál (28 g) sótlan vaj
1 közepes hagyma, apróra vágva
2 gerezd fokhagyma, felaprítva
1 csésze (235 ml) zöldségalaplé
1/2 teáskanál só
1/4 teáskanál frissen tört fekete bors
6 közepes színű burgonya, meghámozva és 3 mm vastagra szeletelve
1 csésze (55 g) panko zsemlemorzsa
3 evőkanál (45 ml) olvasztott sótlan vaj
1/2 csésze (120 g) tejföl
1/2 csésze (60 g) reszelt enyhe cheddar sajt 1/2 csésze (60 g) reszelt Gruyère sajt

ÚTVONALAK

Nyomja meg a Sauté vagy Browning gombot az elektromos gyorsfőzőn. Amikor a belső edény forró, adjuk hozzá a 2 evőkanál (28 g) vajat. Amikor a vaj felolvadt, hozzáadjuk a hagymát, és időnként megkeverve puhára főzzük, körülbelül 5 percig. Adjuk hozzá a fokhagymát, és főzzük további 30 másodpercig, amíg illatos lesz. Adjuk hozzá az alaplevet, sózzuk és borsozzuk, az edény aljáról kaparjuk ki a megbarnult darabokat.

Tegyen egy párolókosarat az edény aljára a hagymás és fokhagymás keverékre. A szeletelt burgonyát a kosárba tette. Zárja le és zárja le a fedelet, ügyelve arra, hogy a gőzkieresztő szelep tömítő helyzetben legyen. Főzzük nagy nyomáson 7 percig.

Amíg a burgonya fő, melegítse elő a brojlert, és kenjen ki egy 9 x 13 hüvelykes (23 x 33 cm) rakott edényt. Egy kis tálban

keverje össze a panko zsemlemorzsát a 3 evőkanál (45 ml) olvasztott vajjal. Keverjük meg, hogy bevonja az összes zsemlemorzsát. Félretesz, mellőz.
Amikor a burgonya elkészült, használja a gyorskioldási utasításokat a kioldó fogantyú kinyitásával és az összes gőz kiengedésével. Amikor az úszócsap leesik, nyissa ki a fedelet, és óvatosan nyissa ki.
Vegye ki a burgonyát és a párolókosarat a gyorsfőzőből.
Helyezze a burgonyát az előkészített tálba. Amíg az edény még forró, adjuk hozzá a tejfölt és mindkét sajtot a gyorsfőző folyadékhoz. Addig keverjük, amíg a sajt teljesen elolvad és a keverék sima lesz.
Óvatosan öntse rá a sajtszószt a főtt burgonyára, és óvatosan keverje össze. A burgonya tetejére kenjük a zsemlemorzsa keveréket. Tedd a broiler alá 5-6 percre, vagy amíg a teteje szép aranybarna nem lesz.

66. „Eltalálja a helyet" kelbimbó

ÖSSZETEVŐK

2 evőkanál (30 ml) olíva- vagy növényi olaj
6 csík bacon, apróra vágva
1/3 csésze (79 ml) almaecet
1/4 csésze (60 ml) juharszirup
1 teáskanál őrölt gyömbér
1 teáskanál só
1 teáskanál durvára őrölt bors
2 font (907 g) friss kelbimbó, vágva és félbe vágva
2 nagy Fuji alma, meghámozva, kimagozva és felkockázva 1/4 csésze (30 g) szárított áfonya
1/2 csésze (58 g) apróra vágott mogyoró, pirított 1/4 csésze (38 g) morzsolt kecskesajt

ÚTVONALAK

Nyomja meg a Sauté-t az elektromos gyorsfőzőn. Amikor a belső edény felforrósodott, hozzáadjuk az olajat. Hozzáadjuk az apróra vágott szalonnát, és ropogósra, omlósra főzzük. Helyezze a szalonnát egy papírtörlővel bélelt tányérra, de a csöpögést hagyja a serpenyőben. A szalonnát tegyük félre. Nyomja meg a Mégse gombot.

Adjuk hozzá az almaecetet, a juharszirupot, a gyömbért, a sót és a borsot az edénybe, és keverjük össze a szalonnacseppekkel. Hozzáadjuk a kelbimbót, az almát és a szárított áfonyát, jól összeforgatjuk, hogy bevonja.

Zárja le és zárja le a fedelet, ügyelve arra, hogy a gőzkioldó gomb zárva legyen a tömítési helyzetben. Főzzük nagy nyomáson 1 percig. Ha kész, használjon gyorskioldót a kioldógomb kinyitásával és a gőz kiengedésével. Amikor az úszócsap leesik, nyissa ki a fedelet, és óvatosan nyissa ki.

Tálaljuk a kelbimbót a fenntartott szalonnával, mogyoróval és morzsolt kecskesajttal megszórva.

Kitermelés: 6 adag

67. Sós kukorica kenyér

ÖSSZETEVŐK

1 csésze (120 g) barna rizsliszt
1/2 csésze (60 g) cirokliszt
3/4 csésze (105 g) plusz 2 evőkanál (18 g) közepesen őrölt kukoricaliszt, elosztva
2 teáskanál (5 g) sütőpor
1/2 teáskanál só
1/2 teáskanál hagymapor
1/2 teáskanál fokhagyma por
1 teáskanál psyllium héjpor vagy 1/2 teáskanál xantángumi
1 teáskanál finomra vágott friss kakukkfű
1/4 csésze (56 g) sózatlan vaj vagy tejmentes vaj, például Earth Balance
1 csésze (235 ml) tej vagy tejmentes tej
1 tojás, enyhén felverve

1 csésze (235 ml) víz

ÚTVONALAK

Permetezzen be egy 18 x 6 cm-es tortaformát tapadásmentes főzőpermettel, majd szórjon be 2 evőkanál (18 g) kukoricalisztet. Félretesz, mellőz.

Egy nagy keverőtálban keverje össze a két lisztet, a maradék 3/4 csésze (105 g) kukoricalisztet, a sütőport, a sót, a hagyma- és fokhagymaport, a psyllium héjport és a kakukkfüvet. Keverjük össze, amíg alaposan el nem keveredik.

Egy mikrohullámú sütőben használható tálban olvasszuk fel a vajat, és keverjük hozzá a lisztes keverékhez; hozzáadjuk a tejet és a felvert tojást. Keverjük össze az összes hozzávalót, és keverjük simára.

Öntse az előkészített tepsibe, és enyhén koppintson a pultra, hogy a légbuborékok kiszabaduljanak. Fújjon be egy négyzet alakú alumíniumfóliát tapadásmentes főzőpermettel, és helyezze (permetezett oldalával lefelé) a kukoricakenyér keverékre.

Adja hozzá a vizet a kukta belső edényébe. Helyezzen egy szegélyt az edénybe. Egy fólia heveder segítségével óvatosan engedje le a lefedett tortaformát a fazék tetején lévő edénybe.

Zárja le és zárja le a fedelet, ügyelve arra, hogy a gőzkioldó gomb tömítő helyzetben legyen. Főzzük nagy nyomáson 35 percig. Amikor a főzési idő lejár, végezzen gyors nyomásoldást úgy, hogy óvatosan mozgassa a zárógombot légtelenítésre, és hagyja, hogy az összes gőz távozzon. Amikor az úszócsap leesik, nyissa ki a fedelet, és óvatosan nyissa ki.

Vegyük ki a kukoricás kenyeret az edényből, és tegyük hűtőrácsra. Távolítsa el a fóliát a tetejéről, és hagyja szobahőmérsékletűre hűlni a kukoricás kenyeret.

Kitermelés: 4 adag

68. Kukoricakenyér töltelék

ÖSSZETEVŐK

2 adag sós kukoricakenyér
1 csésze (225 g) sótlan vaj vagy Earth Balance vajpótló, elosztva
2 csomag (egyenként 12 g) pulyka ízű Savory Choice folyékony húsleves koncentrátum (elhagyható, ha nem a tölteléket készíti, hagyja ki)
1 nagy hagyma, apróra vágva
4 szár zeller, apróra vágva
1 nagy medvehagyma, szeletelve
10 nagy friss zsályalevél, apróra vágva
2 szál friss kakukkfű levelei
2 édes alma, mint például a Gala vagy a Fuji, megmosva, kimagozva és apróra vágva
1 1/2 csésze (220 g) szárított édes áfonya
1 csésze (150 g) fél pekándió, durvára vágva
Kóser só és frissen őrölt fekete bors ízlés szerint
1 tojás, felvert
1 1/2-2 csésze (355-470 ml) pulyka- vagy csirkealaplé

ÚTVONALAK

Melegítsd elő a sütőt 200°C-ra vagy 6-os gázjelzésre.
Vágja a kukoricás kenyeret 3 cm-es csíkokra, majd vágja a csíkokat keresztben kis kockákra. A kockákat tepsire terítjük. Olvassz fel 1/4 csésze (56 g) vajat, és keverd össze a pulykaízű koncentrátummal. A kukoricás kenyérkockák tetejére csorgatjuk. Óvatosan átforgatjuk és betesszük a sütőbe. A kockákat 30 percig sütjük, 8-10 percenként megkeverve, amíg megpirulnak és teljesen ki nem száradnak.
Vegyük ki a sütőből és hagyjuk szobahőmérsékletűre hűlni.

Kapcsolja le a sütőt 350°F-ra (180°C vagy gázjelzés 4). Enyhén kivajazunk egy 9 x 13 hüvelykes (23 x 33 cm) tepsit; félretesz, mellőz.

Egy nagy serpenyőben olvasszuk fel a vaj 1/4 csésze (56 g) részét közepes lángon. A hagymát és a zellert körülbelül 4 percig pároljuk, majd hozzáadjuk a medvehagymát és a zsályát. Folytassa a főzést, amíg a zöldségek megpuhulnak és barnulni kezdenek, további 3-4 percig. Vegyük le a tűzről, és tegyük egy nagy keverőtálba hűlni.

A kihűlt kukoricakenyérkockákat a zöldségekkel együtt a keverőtálba tesszük. Csak használja a kockákat, és hagyja hátra a morzsákat.

Adja hozzá a kakukkfüvet, az almát, az áfonyát és a pekándiót a kukoricakenyér keverékhez. Dobd egyenletes eloszlásig.

Olvasszuk fel a maradék 1/2 csésze (112 g) vajat egy mikrohullámú sütőben használható edényben, majd adjuk hozzá a tálhoz, és dobjuk újra. Kóstoljuk meg és a fűszereket sózzuk, borsozzuk. Hozzákeverjük a felvert tojás- és pulykalevet, majd az előkészített tepsibe öntjük.

Tegyük be a sütőbe, és süssük körülbelül 45 percig, vagy amíg a kenyér aranybarna és kérges lesz a tetején.

Kitermelés: 6-8 adag

69. Krumplipüré

ÖSSZETEVŐK

2 font (808 g) közepes vörös burgonya, meghámozva és negyedelve
1 csésze (235 ml) víz
1/2-3/4 csésze (120-180 ml) tej
1/4 csésze (56 g) sótlan vaj
1/4 teáskanál só
1/4 teáskanál törött fekete bors

ÚTVONALAK

Adja hozzá a burgonyát és a vizet az elektromos gyorsfőző belső edényébe.
Zárja le és zárja le a fedelet, ügyelve arra, hogy a gőzkioldó gomb tömítő helyzetben legyen. Főzzük nagy nyomáson 10 percig. Amikor a főzési idő lejárt, végezzen gyors nyomásoldást úgy, hogy biztonságosan mozgassa a zárógombot szellőző helyzetbe, és hagyja, hogy a gőz távozzon. Amikor az úszócsap leesik, nyissa ki a fedelet, és óvatosan nyissa ki.
Adjuk hozzá a tejet, a vajat, sózzuk és borsozzuk a burgonyához. Nem kell kivenni a burgonyát a lecsepegtetéshez; pépesítheti őket az edényben. Használjon botmixert vagy burgonyanyomót, és addig pépesítse, amíg el nem éri a kívánt állagot. Kóstoljuk meg és ízlés szerint módosítsuk a fűszereket. Tálald kedvenc mártásoddal vagy egy kis vajjal!

70. Piros, fehér és zöld kelbimbó

4. SZOLGÁLT

ÖSSZETEVŐK
1 font (500 g) kelbimbó
¼ csésze (50 ml) fenyőmag, pirítva
1 gránátalma
Olivaolaj
Só és bors (ízlés szerint)

Távolítsa el a külső leveleket, és vágja le a megmosott kelbimbó szárát. A legnagyobbakat félbevágjuk, hogy egyforma méretűek legyenek az egyenletes főzés érdekében.
Készítse elő az Instant Pot-ot úgy, hogy felönt egy csésze vizet, és hozzáadja a párolókosarat. Tedd a csírákat a kosárba.
Zárja le a fedelet, és állítsa a szelepet nyomás alatti főzés állásba. Főzzük 3 percig Kézi üzemmódban nagy nyomáson.
Ha lejár az idő, nyissa ki az Instant Pot-ot úgy, hogy a szelepen keresztül engedi el a nyomást.
Helyezze a csírákat egy tálba, és öntse meg olívaolajjal, sóval és borssal, mielőtt megszórja pirított fenyőmaggal és gránátalma magokkal.
Melegen vagy szobahőmérsékleten tálaljuk.

71. Citromos angolborsó és spárga

4. SZOLGÁLT

ÖSSZETEVŐK
1-2 gerezd fokhagyma, felaprítva
2 csésze (500 ml) friss vagy fagyasztott angolborsó (kiolvasztatlan)
2 csésze (500 ml) spárga, felvágva
1-2" (2 $\frac{1}{2}$-5 cm) darabokra
$\frac{1}{2}$ csésze (125 ml) zöldségleves 1 citrom héjában és levében
2-3 evőkanál (30-45 ml) fenyőmag vagy reszelt mandula, pirítva

Adja hozzá a fokhagymát, a borsót, a spárgát és a húslevest az Instant Pot-ba.
Zárja le a fedelet. Főzzük manuálisan alacsony nyomáson 2 percig. Ha lejár az idő, gyorsan engedje el a nyomást.
Adjuk hozzá a citrom héját és levét, keverjük össze.
Tegyük át egy tálba vagy tányérba. Díszítsük dióval.

72. Marokkói bárány tajine

4-6
ÖSSZETEVŐK

2 ½ font (2 kg) báránylapocka, darabokra vágva
1 teáskanál (5 ml) fahéjpor
1 tk (5 ml) gyömbérpor
1 teáskanál (5 ml) kurkuma por
1 tk (5 ml) köménypor
2 gerezd fokhagyma, összetörve
2 közepes hagyma, durvára szeletelve
10 uncia (300 g) aszalt szilva áztatva (vagy száraz sárgabarack és mazsola keveréke)
1 babérlevél
1 csésze (250 ml) zöldségalaplé
1 fahéjrúd
3 evőkanál (45 ml) méz
1 ½ teáskanál (8 ml) só
1 teáskanál (5 ml) bors
3 ½ uncia (100 g) mandula héjában, hámozva és pirítva
1 evőkanál (15 ml) szezámmag
3 evőkanál (45 ml) olívaolaj, elosztva

Keverje össze az őrölt fahéjat, kurkumát, köményt, gyömbért és fokhagymát 2 evőkanál (30 ml) olívaolajjal, hogy pasztát készítsen, fedje be a húst ezzel a masszával, és tegye félre. A szárított aszalt szilvát egy tálba tesszük, lefedjük forrásban lévő vízzel, és félretesszük.
Az előmelegített gyorsfőzőben, közepes lángon, lefedve, adjunk hozzá egy forgatag olívaolajat (kb. egy evőkanál) és a hagymát, és hagyjuk, amíg megpuhul (kb. 3 perc). A hagymát kiborítjuk, félretesszük. Hozzáadjuk a húst, és minden oldalát megpirítjuk (kb. 10 perc). Ezután öntsük le a gyorsfőzőt a zöldségalaplével,

ügyelve arra, hogy az alját jól lekaparjuk, és az esetleges barna darabkákat belekeverjük a szósz többi részébe. Ezután adjuk hozzá a hagymát, a babérlevelet és a fahéjrudat.
Zárja le és zárja le a kukta fedelét.
Főzzük 30 percig nagy nyomáson.
Ha lejár az idő, nyissa ki a gyorsfőzőt a Természetes kioldási irányokkal – vegye le a tűzhelyet az égőről, és várja meg, amíg a nyomás magától csökken (kb. 10 perc). Kapcsolja ki a „melegen tartás" üzemmódot, vagy húzza ki a tűzhelyet, és nyissa ki, amikor a nyomásjelző lecsökkent (20-30 perc).
A gyorsfőzőben, lefedve, közepes lángon adjuk hozzá a sót, a leöblített és lecsöpögtetett aszalt szilvát, a mézet és csökkentsük le a folyadékot (kb. 5 perc). Halászd ki a babérlevelet és a fahéjrudat.
Megszórjuk pirított mandulával és szezámmaggal, és tálaljuk.

73. Kókuszos hal curry

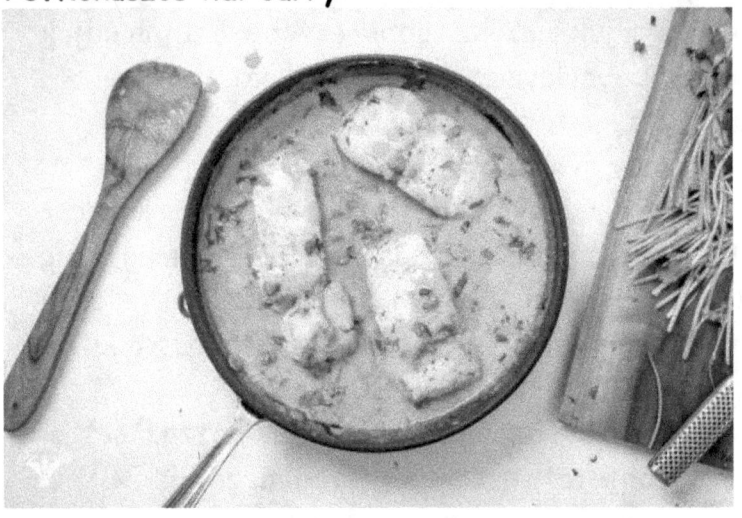

4. SZOLGÁLT

ÖSSZETEVŐK

500-750 g (1-1 ½ font) halpecsenye vagy -filé, leöblítve és falatnyi darabokra vágva (frissen, fagyasztva vagy felengedve)
1 apróra vágott paradicsom vagy egy púpozott csésze koktélparadicsom
2 zöld chili csíkokra szeletelve
2 közepes hagyma, csíkokra vágva
2 gerezd fokhagyma, apróra vágva
1 evőkanál (15 ml) frissen reszelt gyömbér vagy ½ teáskanál (3 ml) gyömbérpor
6 currylevél, babérlevél, kaffir lime levél vagy bazsalikom
1 evőkanál (15 ml) őrölt koriander
1 teáskanál (5 ml) őrölt kömény
½ teáskanál (3 ml) őrölt kurkuma
1 tk (5 ml) chilipor vagy 1 tk (5 ml) csípős paprika pehely
½ teáskanál (3 ml) őrölt görögszéna
2 csésze (500 ml) cukrozatlan kókusztej
Só ízlés szerint
Citromlé (ízlés szerint)

Az előmelegített gyorsfőzőbe, közepes-alacsony lángon, fedő nélkül, öntsünk hozzá egy forgatag olajat, majd csepegtessük bele a curry leveleket, és enyhén süssük aranybarnára a szélein (kb. 1 perc).
Ezután hozzáadjuk a hagymát, a fokhagymát és a gyömbért, és addig pirítjuk, amíg a hagyma megpuhul.
Adjuk hozzá az összes őrölt fűszert: koriandert, köményt, kurkát, chiliport és görögszéna-t, és pároljuk a hagymával együtt, amíg ki nem eresztik az aromájukat (kb. 2 perc).

Máztalanítsuk a kókusztejjel, ügyelve arra, hogy a tűzhely aljáról ne ragadjon le minden, és keverje bele a szószba.
Adjuk hozzá a zöld chilit, a paradicsomot és a haldarabokat.
Keverjük össze, hogy a halat jól bevonja a keverék.
Zárja le a fedelet, és állítsa a szelepet nyomás alatti főzés állásba.
5 percig ALACSONY nyomáson főzzük.
Ha lejár az idő, engedje el a nyomást a Normál irányok szerint - engedje el a gőzt a szelepen keresztül.
Ízlés szerint sózzuk, és közvetlenül tálalás előtt meglocsoljuk citromlével.
Egyedül, vagy párolt rizzsel tálaljuk.

74. Ligur citrom csirke

6. SZOLGÁLT

ÖSSZETEVŐK

1 csirke 8 részre vágva vagy csomag csontos csirkedarabok
½ csésze (125 ml) száraz fehérbor 1 csésze (250 ml) alaplé
4 uncia (115 g) fekete olajbogyó, sóval pácolt, Taggiesche, francia vagy Kalamata

Páchoz:
4 citrom, 3 leve és 1 a díszítéshez
2 gerezd fokhagyma
3 szál friss rozmaring, 2 darab aprításhoz, 1 szál díszítéshez
2 szál friss zsálya
½ csokor petrezselyemlevél és szár
4 evőkanál (60 ml) extra szűz olívaolaj Só és bors (ízlés szerint)

Készítse el a pácot úgy, hogy a fokhagymát, a rozmaringot, a zsályát és a petrezselymet apróra vágja. Tedd őket egy edénybe, és add hozzá a citromlevet, az olívaolajat, a sót és a borsot. Jól összekeverjük és félretesszük.

Tegye a csirkét egy mély edénybe, és jól fedje le a páccal. Fedjük le műanyag fóliával, és tegyük a hűtőszekrénybe 2-4 órán át pácolódni.

Nyomja meg a Sauté funkciót az Instant Pot felmelegítéséhez. Amikor a „forró" felirat jelenik meg a kijelzőn, adjunk hozzá egy forralt olívaolajat, és pirítsuk meg a csirkedarabokat minden oldalról (kb. 5 perc). Ha kész tegyük félre.

A belső edényt leöntjük a borral, amíg szinte az egész el nem párolog (kb. 3 percig).

Tegye vissza a csirkét. Először tegye bele az összes sötét húst (szárnyak, lábak, combok) az edény aljára, majd finoman terítse rá a csirkemelleket, hogy ne érjen hozzá az edény aljához.

A maradék pácot ráöntjük, és mindenre alaplével.
Csukja be és zárja le az Instant Pot fedelét. Nyomja meg a Manuális gombot, és állítsa be az időt 12 perces nyomás alatti főzésre. Ha lejár az idő, nyissa ki az Instant Potot a gyors nyomásoldással.
Vegyük ki a csirkedarabokat az edényből, és tegyük lefedve egy tálra.
Csökkentse az edényben lévő folyadék mennyiségét a Saute funkcióval. Csökkentse addig, amíg a folyadék az eredeti mennyiség 1/4-ét el nem éri, és elég sűrű ahhoz, hogy a csirkére öntse.
Friss rozmaringgal, olajbogyóval és friss citromszeletekkel tálaljuk.

75. Marhasült burgonyával és sárgarépával

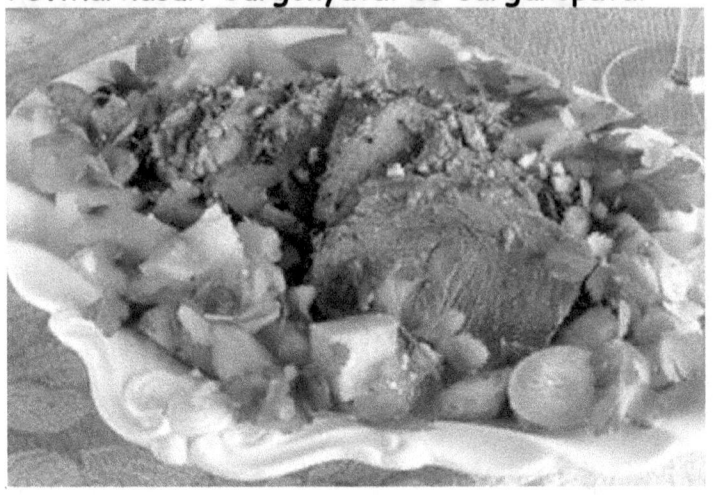

6-8

ÖSSZETEVŐK

2-4 font (1-2 kg) marhasült, nem hosszabb, mint a gyorsfőző szélessége
1 ½ csésze (375 ml) csirke alaplé
1 evőkanál (15 ml) olívaolaj
2 font (1 kg) burgonya, durván felkockázva
1 font (500 g) sárgarépa, meghámozva
1 csokor petrezselyem, apróra vágva
1 csésze (250 ml) vörösbor
4 evőkanál (60 ml) sótlan vaj
2 evőkanál (30 ml) friss kakukkfű
4 evőkanál (60 ml) pisztácia apróra vágva

OPCIONÁLIS KÉREG:

4 uncia pisztácia zúzott, héjas és sózott
1 evőkanál fekete bors
2 evőkanál friss kakukkfű

Nyomja meg a [Sauté] gombot a tűzhely előmelegítéséhez. Amikor a „Hot" szó megjelenik a kijelzőn, adjon hozzá egy forgatag olívaolajat, és süsse jól meg a sült minden oldalát. Máztalanítsuk a belső edényt csirke alaplével.
Csukja be és zárja le az Instant Pot fedelét. Nyomja meg a [Nyomás alatti főzés] gombot, majd a [+] gombbal állítsa be a 45-50 perces nyomás alatti főzési időt (a vastagságtól függően). Ha lejár az idő, nyissa ki az Instant Pot-ot a gyors nyomáskioldóval.
Adjuk hozzá a burgonyát, és helyezzük rá az egész sárgarépát – gyorsan dolgozzuk fel.

Csukja be és zárja le az Instant Pot fedelét. Nyomja meg a [Nyomás alatti főzés] gombot, majd a [+] vagy [-] gombbal állítsa be a 10 perces nyomás alatti főzési időt.
Ha lejár az idő, nyissa ki az Instant Pot-ot a gyors nyomáskioldóval.
Tegye ki a sárgarépát egy tálra, és szeletelje fel. Vágjuk ki a burgonyát egy lyukas kanál segítségével, és tegyük a tálalótálra. Kivesszük a sülteket, és alufóliával kibélelt tányérra tesszük pihenni.
Szűrje át a főzőfolyadékot egy finom szitán, és tegye vissza az Instant Potba. Adja hozzá a bort és a vajat, és a [Sauté] funkcióval csökkentse a folyadékot a gyorsfőzőben, fedő nélkül, körülbelül felére.
Szeleteljük fel a sülteket, és tálaljuk sárgarépával és burgonyával. Meglocsoljuk a csökkentett főzőfolyadékkal, és megszórjuk kakukkfűvel és dióval.

76. Párolt tarja nyálkás rizzsel

ÖSSZETEVŐK
26 uncia (750 g) hátsó bordák

Pác hozzávalók:
1 zöldhagyma nagy darabokra vágva
1 kis darab friss gyömbér, szeletelve
1 evőkanál (15 ml) sötét szójaszósz
1 evőkanál (15 ml) világos szójaszósz
¼ teáskanál (1 ml) csirke húsleves por
½ teáskanál (3 ml) só
1 tk (5 ml) cukor
1 evőkanál (15 ml) víz
1 ½ evőkanál (23 ml) kukoricakeményítő
½ csésze (125 ml) nyálkás rizs
2 csésze (500 ml) víz

Egy nappal előtte tisztítsa meg a bordákat, és vágja darabokra a csontok között. Tegye a bordákat és a pác hozzávalóit egy lezárható műanyag zacskóba. Zárd le a zacskót, rázd fel jól, és tedd a hűtőbe egy éjszakára.

Az étel elkészítésének napján áztassa be a nyálkás rizst 2 csésze vízben 8 órára. A rizst lecsepegtetjük, a bordákat bevonjuk az áztatott rizzsel, és egy sekély, hőálló tálba tesszük. Az Instant Potba öntsön 2 csésze vizet, és helyezze a gőzölős rácsot az edénybe. Helyezze a rizst és a bordákat tartalmazó edényt a párolórács tetejére.
Zárja le és zárja le az instant Pot fedelét, ügyelve arra, hogy a szelep tömített helyzetben legyen. Válassza a Steam funkciót, és állítsa be 55 percre. Ha lejár az idő, nyissa ki az Instant Potot a gyors nyomásoldással.
Vegye ki a párolt bababordát és a rizst, és élvezze!

77. Fűszeres tészta pillangók

4-6

ÖSSZETEVŐK

2 evőkanál (30 ml) olívaolaj
2 gerezd fokhagyma, összetörve
2 tk (10 ml) friss csípős chili paprika apróra vágva
vagy 1 teáskanál (5 ml) csípős paprika pehely 1 csipet oregánó, szárítva
16 uncia (500 g) farfalle vagy csokornyakkendős tészta
2 csésze (500 ml) paradicsompüré
3 csésze (750 ml) víz
2 tk (10 ml) só

A Keep Warm beállítás Instant Potjában adjon hozzá két örvénylő olívaolajat, a zúzott fokhagymagerezdeket, csípős paprikát/pelyhet és oregánót (az ujjai között őrölve, miközben a serpenyőbe szórja).
Hagyja, hogy a hozzávalók beleolvadjanak az olajba alacsony lángon, amíg meg nem hallja, hogy a fokhagyma gerezdek sercegnek, és enyhén aranyszínűvé nem válnak.
Öntsük bele a tésztát, a paradicsompürét és annyi vizet, hogy ellepje a tésztát (nem baj, ha itt-ott kilóg néhány pont) és a sót (ezt ne hagyjuk ki). Keverje össze az egészet, és simítsa ki a tésztát egyenletes rétegben fakanállal vagy spatulával, hogy a lehető legtöbb farfalt kerüljön bele.
Zárja le a fedelet, és állítsa a szelepet nyomás alatti főzés állásba. Főzzük manuálisan 6 percig alacsony nyomáson.
Ha lejár az idő, nyissa ki a kuktát a szelepen keresztüli nyomás gyors leengedésével.
Keverje össze a tartalmát, és hagyja állni a tésztát körülbelül egy percig, amíg összegyűjti a tálakat és az edényeket. A tészta a gyorsfőző hőjétől még fő, ezért ne hagyja tovább.
Minden edény tetejére egy kis kavargó friss extra szűz olívaolajat teszünk. Élvezd!

78. Spárgás tavaszi rizottó

4-6

ÖSSZETEVŐK

1 font (500 g) spárga
4 csésze (1 l) víz
1 evőkanál (15 ml) olívaolaj
1 közepes vöröshagyma apróra vágva
2 csésze (500 ml) arborio rizs ¼ csésze (50 ml) száraz fehérbor
2 teáskanál (10 ml) só
1 citromszelet, körülbelül ½ teáskanál (3 ml) levét kifacsarva
1 evőkanál (15 ml) extra szűz olívaolaj (díszítéshez)

Vágja le a spárgát a fás szárak eltávolításával és eldobásával.
Ezután szeleteljük fel a szárakat kis rondellákra. Vágja le a hegyeket egészben, és tegye félre.
A kuktába öntjük a spárga szárát és a vizet.
Zárja le és zárja le a kukta fedelét.
Főzzük 12 percig nagy nyomáson.
Ha lejár az idő, nyissa ki a tűzhelyet úgy, hogy a szelepen keresztül engedje el a nyomást.
Öntse a kukta tartalmát (a spárga alaplevét és a szárakat) egy hőálló mérőedénybe, és mérjen ki 4 csészét (1 l) egy kis extra mennyiséggel (kb. ¼ vagy 60 ml). Ez az ön mikroállománya.
A felforrósított gyorsfőző alapba adjuk hozzá a hagymát és az olívaolajat, és forgassuk át mindent, amíg a hagyma el nem kezd puhulni.
Hozzáadjuk a rizst, és bevonjuk az olajjal és a hagymával (a rizs enyhén áttetsző lesz), majd addig keverjük, amíg a szemek el nem kezdenek száradni és újra fehéredni, körülbelül 2 percig.
Felöntjük a borral, és addig keverjük, amíg az összes bor el nem párolog.

Hozzáadjuk a spárga mikrolevet, a spárgahegyeket és a sót, majd az egészet óvatosan összekaparva a kukta alját, hogy semmi ne ragadjon oda.
1Csukja be és zárja le a kukta fedelét.
1 Főzzük 6 percig nagy nyomáson.
1 Ha lejár az idő, nyissa ki a tűzhelyet úgy, hogy engedje el a nyomást a szelepen keresztül.
Adjunk hozzá egy facsart citromlevet, és jól keverjük össze.
A legjobb extraszűz olívaolaj örvénylésével tálaljuk.27

79. Csirke és burgonya rizs

8
ÖSSZETEVŐK
2 evőkanál (30 ml) olívaolaj
1 zöldhagyma, 5 cm-es darabokra vágva
1 kis darab friss gyömbér, szeletelve
1 csillagánizs
1 font (400 g) csont nélküli és bőr nélküli csirkecomb, apróra vágva
2 csésze (500 ml) alacsony nátriumtartalmú csirkealaplé vagy víz
1 ½ evőkanál (23 ml) sötét szójaszósz
1 evőkanál (15 ml) világos szójaszósz ½ evőkanál (7 ml) só
1 ⅓ csésze (325 ml) fehér hosszú rizs
3 közepes sárga burgonya, meghámozva és ¼"-os darabokra vágva
1 zöldhagyma finomra vágva 1 evőkanál (15 ml) szezámolajos pác hozzávalói:
1 evőkanál (15 ml) sötét szójaszósz
1 evőkanál (15 ml) világos szójaszósz
¼ teáskanál (1 ml) fehérbors por
2 evőkanál (30 ml) víz
1 evőkanál (15 ml) kukoricakeményítő

Keverje össze a csirkét és az összes pác hozzávalót előző este. Fedővel ellátott edényben tároljuk, és egy éjszakára a hűtőbe tesszük.
Egy nagy, tapadásmentes serpenyőben hevíts fel olívaolajat közepesen magas lángon (ezt az Instant Potban is megteheted a Sauté funkcióval)
Adjunk hozzá 1 zöldhagymát, ánizst, gyömbért és szegfűszeget, és főzzük egy percig.

Hozzáadjuk a pácolt csirkehúst, gyakran keverjük meg körülbelül 3-4 percig, amíg a csirke külseje világosbarna nem lesz, majd tegyük félre.
Tegye az összes főtt csirkét folyadékkal az Instant Potba.
Adjuk hozzá a csirkelevest, a sötét és világos szójaszószokat, a sót, a rizst és a burgonyát.
Zárja le a fedelet, és győződjön meg arról, hogy a szelep „Tömítés" állásban van. Válassza ki a „Rízs" funkciót, és az idő beállításával hagyja 35 percig főni.
Ha letelt az idő, várjon még 10 percet, majd gyorsan engedje el a nyomást, és nyissa ki a fedelet.
Keverje hozzá a finomra vágott zöldhagymát és a szezámolajat.
Fedjük le az edényt fedővel, és tálalás előtt hagyjuk állni a rizst 5 percig. Élvezd!

80. Párolt sertésborda zúzott rizzsel

6. SZOLGÁLT

ÖSSZETEVŐK

6 font (750 g) sertés hátborda
½ csésze (125 ml) nyálkás rizs
½ csésze (125 ml) fehér rizs
½ teáskanál (3 ml) szemes bors
1 ánizs
1 kis darab kínai fahéj
2 evőkanál (30 ml) víz
1 teáskanál (5 ml) zöldhagyma frissen és apróra vágva

pác hozzávalói:
2 g friss gyömbér, reszelve
1 evőkanál (15 ml) fokhagyma, frissen darált fokhagyma
1 evőkanál (15 ml) sötét szójaszósz
1 evőkanál (15 ml) világos szójaszósz
⅓ teáskanál (2 ml) só
½ teáskanál (3 ml) cukor
2 evőkanál (30 ml) víz

A hátsó bordákat megtisztítjuk és a csontok között darabokra vágjuk. Tegye a bordákat és a pác hozzávalóit egy visszazárható zacskóba, zárja le és jól rázza fel. 2 órára hűtőbe tesszük.
Egy kis, tapadásmentes serpenyőben adjunk hozzá rizst, borsot, ánizst és kínai fahéjat, és főzzük közepes lángon. Keverjük össze és főzzük, amíg a rizs enyhén aranybarna nem lesz. Tedd félre hűlni. Dobja el a szemes borsot, az ánizst és a kínai fahéjat.
Tegye a főtt rizst turmixgépbe, és párszor pörgesse, amíg kukoricaliszt méretű lesz. A hátsó bordákat egyenletesen kenjük be zúzott rizzsel, és tegyük egy sekély tálba. Keverjünk

el 2 evőkanál (30 ml) vizet a maradék pácmártással, és öntsük a bordákra.

Helyezze a gőztartót az Instant Pot belsejébe. Töltse fel vízzel a 2 csésze jelzésig. Helyezze a tálat a hátsó bordákkal a gőzrácsra. Fedje le a fedelet, és fordítsa el a gőzkioldó fogantyút tömítési helyzetbe. Válassza a Gőz lehetőséget, és állítsa be a [+] vagy [-] gombot a 45 perces főzési idő beállításához.

Ha kész, várjon még 5 percet. Lassan engedje el a nyomást, majd nyissa ki a fedelet.

Vegyük ki a párolt bordákat, és díszítsük 1 tk (5 ml) apróra vágott zöldhagymával.

81. Egyszerű chilis colorado fojtott burritók

10-12

ÖSSZETEVŐK

3 font (1500 g) kicsontozott marhahússült, kockára vágva
16 uncia (475 ml) enchilada szósz, osztva
2 marhaleves kocka vagy 2 evőkanál (30 ml) marhaalap
½ csésze (125 ml) víz
10-12 burrito méretű lisztes tortilla
2 csésze (500 ml) reszelt sajt

Adjon hozzá marhahúst, 1 csésze enchilada szószt, erőlevest és vizet a főzőedénybe. Nyomja meg a [Nyomás alatti főzés] gombot, és nyomja meg a 30 perces nyomás alatti főzési időt. Amikor hangjelzés hallatszik, kapcsolja ki a kuktát, és használjon természetes nyomásoldást 10 percig, majd végezzen gyorskioldást a nyomás oldásához. Amikor a szelep leesik, óvatosan vegye le a fedelet.

Tegyen egy tortillát egy alufóliával bélelt, peremes tepsire, adjon hozzá körülbelül 1/2 csésze marhahúst a tortilla közepéhez, hajtsa be a széleit, és tekerje fel burritóba. Ismételje meg a többi tortillával. Enchilada szósszal és reszelt sajttal megkenjük. Pároljuk, amíg a sajt habos lesz, körülbelül 2-4 percig.

82. Kālua sertéshús

12. SZOLGÁLT

ÖSSZETEVŐK

4 font (2 kg) sertés lapocka, 2 részre vágva
½ csésze (125 ml) víz
1 evőkanál (15 ml) Hickory folyékony füst
2 tk (10 ml) durva kóser só (vagy hawaii só)

Nyomja meg a [Sauté] gombot a tűzhely előmelegítéséhez. Amikor a „Hot" szó megjelenik a kijelzőn, öntsön olajat a főzőedénybe. A sült minden felét külön-külön megpirítjuk. Amikor megpirult, tálra szedjük.
Kapcsolja ki a gyorsfőzőt, és öntsön vizet és folyékony füstöt a főzőedénybe. Tegye a megbarnult sülteket és a felgyülemlett levet az edénybe. Szórjuk meg a sóval a sertéssültek tetejét. Nyomja meg a [Nyomás alatti főzés] gombot, majd a [+] gombbal állítsa be a 90 perces nyomás alatti főzési időt. Amikor sípol, használjon természetes kioldást a nyomás felengedéséhez (kb. 20 perc). Amikor a szelep leesik, óvatosan vegye le a fedelet. Vegye ki a húst a gyorsfőzőből, és két villával aprítsa fel, és aprítás közben dobja ki a felesleges zsírt. Adjon hozzá néhány levet a gyorsfőzőből, hogy megnedvesítse a húst. (Én zsírleválasztóval távolítottam el a zsírt a léből.)

83. Könnyű osso buco

6. SZOLGÁLT
ÖSSZETEVŐK

1/4 teáskanál bors egy 6 literes Instant Pot belső edényében.
1 csésze (250 ml) hagyma, apróra vágva
½ csésze (125 ml) sárgarépa, apróra vágva
½ csésze (125 ml) zeller, apróra vágva
¼ csésze (50 ml) csirkehúsleves, zsírmentes és alacsony nátriumtartalmú
1 evőkanál (15 ml) friss rozmaring apróra vágva
2 tk (10 ml) friss kakukkfű apróra vágva
1 (15 uncia) doboz egész paradicsomot lecsepegtetve és apróra vágva
4 gerezd fokhagyma, felaprítva
¾ teáskanál (4 ml) só
½ teáskanál (3 ml) fekete bors, frissen őrölt
4 teáskanál (20 ml) olívaolaj
6 (10 uncia) borjúszár (2" vagy 5 cm vastag)
¾ csésze (175 ml) chardonnay vagy más száraz fehérbor
¼ csésze (50 ml) friss petrezselyem, finomra vágva
1 teáskanál (5 ml) reszelt narancshéj
1 kis gerezd fokhagyma, felaprítva

Keverje össze az első 8 összetevőt (hagyma és fokhagyma), 1/4 teáskanál sót és
Melegíts fel egy nagy tapadásmentes serpenyőt közepesen magas lángon. Adjunk hozzá 2 teáskanál olajat a serpenyőbe; kavargatja a kabátot.
Szórjuk meg a borjúhúst a maradék 1/2 teáskanál sóval és a maradék 1/4 teáskanál borssal. Adja hozzá a borjúhús felét a serpenyőbe; 10 percig sütjük, minden oldalát megpirítjuk.

Helyezze a borjúhúst a tűzhelybe. Ismételje meg az eljárást a maradék 2 teáskanál olajjal és a maradék borjúhússal.

Adjunk hozzá bort a serpenyőbe, kaparjuk a serpenyőt, hogy meglazítsuk a megbarnult darabokat. Forraljuk fel lassú tűzön; főzzük 1/2 csészére (kb. 2 perc).

Öntsük a borkeveréket a borjúhúsra a tűzhelyen. Csukja be és zárja le az Instant Pot fedelét. Forgassa a gőzkioldó fogantyút „Légtelenítés" állásba. Nyomja meg a [Lassú főzés] gombot, majd a [Beállítás] gombbal válassza ki a „Kevesebb" módot.

Nyomja meg a [-] vagy a [+] gombot a 4 órás főzési idő kiválasztásához. (Ha szükséges, még főzzük, amíg a borjúhús nagyon puha nem lesz.)

Vegye ki a borjúhúst a tűzhelyről; tartsd melegen. Zsír lefejtése a főzőfolyadék felületéről; öntsön főzőfolyadékot egy közepes serpenyőbe.

Forraljuk fel közepesen magas lángon; főzzük 3 csészére (kb. 13 perc), időnként megkeverve.

Keverje össze a petrezselymet, a narancshéjat és 1 gerezd fokhagymát egy kis tálban.

Osszuk el a borjúhúst 6 sekély tálba; a tetejére egyenletesen főzőfolyadékot és petrezselymes keveréket teszünk.

84. Mogyorós csirke és cukorborsó tésztával

6. SZOLGÁLT

ÖSSZETEVŐK

1 ½ font (750 g) csirkemell szelet, falatnyi darabokra vágva
3 evőkanál (45 ml) kukoricakeményítő
2 evőkanál (30 ml) teriyaki szósz
2 tk (10 ml) darált friss fokhagyma
¼ tk (1 ml) törött pirospaprika 1 tk (5 ml) sötét szezámolaj
2 csésze (500 ml) csirkehúsleves, zsírmentes és alacsony nátriumtartalmú
¼ csésze (50 ml) mogyoróvaj, natúr stílusú
2 ½ (625 ml) csésze vágott cukorborsó
1 csésze (250 ml) gyufaszálra vágott sárgarépa
1 (12 oz) csomag spagetti
½ csésze (125 ml) mogyoróhagyma, szeletelve
¼ csésze (50 ml) földimogyoró apróra vágva, sózatlanul és szárazon pörköltve
Lime szeletek (opcionális)

Keverje össze a csirkét, 2 evőkanál kukoricakeményítőt, 1 evőkanál teriyaki szószt, 1 teáskanál fokhagymát és pirospaprikát egy tálban; jól dobd fel.
Melegíts fel egy nagy tapadásmentes serpenyőt közepesen magas lángon. Adjunk hozzá olajat a serpenyőbe; kavargatja a kabátot. Add csirke keveréket a serpenyőbe; 6 percig sütjük, minden oldalát megpirítjuk. Keverje hozzá 1/2 csésze húslevest, kaparja ki a serpenyőt, hogy meglazítsa a megbarnult darabokat. Tegye át a csirkemeveréket egy 6 literes Instant Pot belső edényébe.
Keverjen össze egy tálban a maradék 1 1/2 csésze húslevest, a mogyoróvajat, a maradék 1 evőkanál kukoricakeményítőt, a

maradék 1 evőkanál teriyaki szószt és a maradék 1 teáskanál fokhagymát; öntsük rá a csirkehús keveréket.

Csukja be és zárja le az Instant Pot fedelét. Forgassa a gőzkioldó fogantyút „Légtelenítés" állásba. Nyomja meg a [Lassú főzés] gombot, majd a [Beállítás] gombbal válassza ki a „Tovább" módot. Nyomja meg a [-] vagy a [+] gombot az 1 óra 30 perces sütési idő kiválasztásához.

Ha lejár az idő, nyissa ki a fedelet, és keverje hozzá a borsót és a sárgarépát. Ismételje meg a lassú főzési eljárást 30 perces sütési idő kiválasztásával. Ha lejár az idő, a borsónak ropogósnak kell lennie.

Amíg a borsó és a sárgarépa fő, főzzük a tésztát a csomagolási utasítás szerint, a só és a zsír elhagyásával; csatorna. Add a főtt spagettit a csirke keverékhez a tűzhelyen; jól dobd fel. Megszórjuk mogyoróval és mogyoróval; Ízlés szerint lime szeletekkel tálaljuk. Élvezd!

DESSZERT

85. Almás fahéjas mazsolás kenyérpuding

ÖSSZETEVŐK
A KENYÉRPUDDINGHOZ
2 evőkanál (28 g) sótlan vaj, olvasztott, plusz még több a serpenyőhöz
1/2 csésze (100 g) sötétbarna cukor
21/2 csésze (590 ml) teljes tej
4 tojás, felvert
2 teáskanál (10 ml) vanília kivonat
1 teáskanál őrölt fahéj
1/2 teáskanál őrölt szerecsendió
1/4 teáskanál só
8 csésze (400 g) kockára vágott fahéjas mazsolás kenyér
1/2 csésze (75 g) apróra vágott pekándió, pirítva
2 közepes sütőalma, meghámozva, kimagozva és apróra vágva
11/2 csésze (355 ml) víz

AZ ÉDES VANÍLIASZÓSZHOZ
1/2 csésze (112 g) sótlan vaj
1/2 csésze (100 g) kristálycukor
1/2 csésze (100 g) sötétbarna cukor
1/4 teáskanál só
1 evőkanál (15 ml) vanília kivonat
1/2 csésze (120 ml) kemény habtejszín

ÚTVONALAK

KENYÉRPUDDING
Egy nagy tálban keverje össze a 2 evőkanál (28 g) vajat, a barna cukrot, a tejet, a tojást, a vaníliát, a fűszereket és a sót. Hozzáadjuk a felkockázott kenyeret, a pirított diót és az almadarabokat. Keverjük jól össze. Tegye félre, amíg elkészíti a serpenyőt.

Egy 6 csészés (1410 ml) Bundt vagy 11/2 literes (4 literes) kerek sütőedény segítségével kivajazzuk a serpenyő alját és oldalát. Ügyeljen arra, hogy a serpenyő sarkaiba kerüljön. Öntse a kenyérpuding keveréket az előkészített serpenyőbe.
Helyezzen egy edényt a kuktába. Adjuk hozzá a vizet az edény aljához. Fújjon be egy darab alumíniumfóliát tapadásmentes főzőpermettel, és helyezze (permetezett oldalával lefelé) a kenyérpudingra. Ez megvédi a pudingot a felesleges nedvességtől főzés közben. Egy fóliaheveder segítségével engedje le a kenyérpudingot a tálcára.
Zárja le és zárja le a fedelet, ügyelve arra, hogy a gőzkioldó gomb tömítő helyzetben legyen. Főzzük nagy nyomáson 25 percig. Amikor a főzési idő lejárt, használja a gyorskioldási utasításokat úgy, hogy a kioldó gombot szellőztető helyzetbe forgatja, és kiengedi a gőzt. Ha az úszócsap leesik, nyissa ki a fedelet, és óvatosan nyissa ki.
A fóliaheveder segítségével vegye ki az edényt a gyorsfőzőből. Ha szereti a ropogós tetejét, helyezze az edényt egy tepsire, és tegye be a sütőbe 200 °C-ra (400 °F-ra vagy 6-os gázjelzésre) 5 percre. Óvatosan nézze meg a kenyérpudingot, nehogy túl barnuljon.

86. New York-i stílusú sajttorta

ÖSSZETEVŐK

A KÉGÉRT

2 csésze (224 g) manduladara
1/4 teáskanál só
11/2 evőkanál (18 g) barna cukor
1/4 csésze (56 g) sózatlan vaj, olvasztott

A SAJTTORTÁHOZ

1 font (454 g) krémsajt szobahőmérsékleten
2 evőkanál (16 g) kukoricakeményítő
2/3 csésze (128 g) kristálycukor csipetnyi só
1/2 csésze (120 g) tejföl, szobahőmérsékleten
2 teáskanál (10 ml) vanília kivonat
1/8 teáskanál mandula kivonat 2 nagy tojás, szobahőmérsékleten
1 csésze (235 ml) hideg víz

ÚTVONALAK

KÉREG

Egy 7 x 3 hüvelykes (18 x 6 cm) rugós tepsi alját és oldalát enyhén permetezze meg tapadásmentes főzőpermettel. Vágjunk egy olyan kört a sütőpapírból, amely akkora, mint a rugós tepsi alja. Helyezze a pergament kört a serpenyő aljára, és enyhén permetezze be további tapadásmentes spray-vel. Félretesz, mellőz. Egy kis tálban keverjük össze a mandulalisztet, a sót és a barna cukrot. Hozzáadjuk az olvasztott vajat, és villával addig keverjük, amíg össze nem áll. Öntse a kéreg keveréket az előkészített serpenyőbe. Ujjaival terítse el, és finoman nyomja le, hogy egyenletes réteget képezzen. Tegye a serpenyőt a fagyasztóba, amíg elkészíti a sajttorta tésztáját.

Sajttorta

Egy közepes keverőtálban keverje simára a krémsajtot kézi mixerrel alacsony fordulatszámon. Egy kis keverőtálban keverje

össze a kukoricakeményítőt, a kristálycukrot és a sót. Adjuk hozzá a cukorkeverék felét a krémsajthoz, és addig verjük, amíg éppen össze nem keveredik. Kaparja le a tál oldalát egy spatulával. Hozzáadjuk a maradék cukros keveréket, és addig verjük, amíg éppen össze nem keveredik. Adjuk hozzá a tejfölt és a vanília- és mandulakivonatot a krémsajtos keverékhez. Addig verjük, amíg össze nem áll.
Egyenként adjuk hozzá a tojásokat, minden hozzáadás után alaposan kaparjuk le a tálat. Ne keverje túl.
Vegye ki a héjat a fagyasztóból. A szivárgás elkerülése érdekében szorosan tekerje be a serpenyő alját alufóliával. A krémsajtos masszát ráöntjük a tésztára. Finoman koppintson a munkalapra a légbuborékok eltávolításához.
Öntse a hideg vizet a kukta belső edényébe. Helyezzen egy szegélyt az edénybe. Egy fóliaheveder segítségével óvatosan helyezze a sajttorta formát a sajttorta tetejére. Ügyeljen arra, hogy az edény ne érjen hozzá a vízhez.
Zárja le és zárja le a fedelet, ügyelve arra, hogy a gőzkioldó gomb tömítő helyzetben legyen. Főzzük nagy nyomáson 40 percig. Ha végzett, használja a gyorskioldási irányokat úgy, hogy a kioldó gombot szellőztető helyzetbe forgatja, és engedje ki a gőzt. Ha az úszócsap leesik, nyissa ki a fedelet, és óvatosan nyissa ki. Óvatosan itassa át a sajttorta felületét papírtörlővel, hogy felszívja a páralecsapódást.
Óvatosan vegyük ki a sajttortát, és tegyük rácsra hűlni.
Ha a sajttorta teljesen kihűlt, tedd a hűtőbe 6-8 órára vagy egy éjszakára. Tálaláskor kivesszük a sajttortát a hűtőből. Oldja ki a rugós formájú tepsi oldalait, és egy vékony kést húzzon a sütőpapír és a tészta közé, majd óvatosan csúsztassa egy tálra.

Hozam: egy 18 cm-es sajttorta

87. Rizspuding mazsolával

ÖSSZETEVŐK

1 csésze (150 g) mazsola
5 csésze (1175 ml) tej
1 csésze (235 ml) forrásban lévő víz
2 tojás
1 1/2 csésze (270 g) Arborio rizs
1 csésze (235 ml) fele-fele
3/4 csésze (144 g) cukor
2 teáskanál (10 ml) vanília kivonat
1/2 teáskanál só

ÚTVONALAK

Egy közepes tálban keverje össze a mazsolát és a forrásban lévő vizet. Fedjük le és tegyük félre 30 percre, hogy a mazsola megpuhuljon.

Keverje össze a rizst, a cukrot, a sót és a tejet az elektromos gyorsfőző belső edényében. Nyomja meg a Sauté vagy Browning, és forralja fel, folyamatosan keverve, hogy a cukor feloldódjon. Amint a keverék felforr, nyomja meg a Mégse gombot, majd zárja le és zárja le a fedelet, ügyelve arra, hogy a gőzkioldó gomb a záró állásban legyen.

Alacsony nyomáson 15 percig főzzük. Amikor a rizs elkészült, hagyjon 10 percig természetes nyomásoldást. 10 perc elteltével fordítsa el a gombot légtelenítő helyzetbe, és engedje el a maradék gőzt.

Amikor az úszócsap leesik, nyissa ki a fedelet, és óvatosan nyissa ki.

Nyomja meg a Mégse gombot.

Amíg a rizs hűl, egy közepes tálban habosra keverjük a tojást, a fele-felet és a vaníliát. Óvatosan öntse a keveréket a rizzsel ellátott fazékba. Keverjük össze. Kapcsolja be újra a gyorsfőzőt, és válassza a Sauté vagy Browning lehetőséget. Addig keverjük, amíg a rizs el nem kezd forrni.

Amikor a rizs felforrósodott, a mazsolát lecsepegtetjük az áztatófolyadékból, és belekeverjük az edénybe. Azonnal tálaljuk, vagy egy nagy tálba öntjük kihűlni. A puding besűrűsödik, ahogy hűl, ezért érdemes egy kis fele-felet hozzáadni, ha hidegen tálaljuk.

Kitermelés: 6 adag

88. Egyedi kulcs lime sajttorták

ÖSSZETEVŐK
A KÉGÉRT
11/4 csésze (125 g) darált omlós keksz
11/2 teáskanál barna cukor
2 evőkanál (28 g) sózatlan vaj, olvasztott csipetnyi só
A sajttortához
8 uncia (227 g) krémsajt szobahőmérsékleten
1 evőkanál (8 g) kukoricakeményítő
1/3 csésze (65 g) kristálycukor
Csipet só
1 evőkanál (15 ml) Key lime lé
1/4 csésze (60 g) tejföl, szobahőmérsékleten
1 teáskanál vanília kivonat
1 evőkanál (6 g) finomra reszelt Key lime héja, plusz még a díszítéshez
1 nagy tojás szobahőmérsékleten 11/2 csésze (355 ml) víz
Tejszínhab, díszítéshez

KÉREG
Finoman permetezze be hat 115 g-os befőttesüveg belsejét tapadásmentes főzőspray-vel.
Egy kis tálban keverjük össze az összetört sütiket, a barna cukrot, a vajat és a sót. A süteménykeveréket egyenletesen elosztjuk a befőttesüvegek között. Finoman nyomkodjuk a süti héját a poharak aljához.

SAJTTORTA
Egy közepes keverőtálban keverje simára a krémsajtot kézi mixerrel alacsony fordulatszámon. Egy kis keverőtálban keverje össze a kukoricakeményítőt, a kristálycukrot és a sót. Adjuk hozzá a cukros keveréket a krémsajthoz, és addig verjük, amíg éppen össze nem keveredik. Egy spatulával kaparjuk le a tál oldalát.

Adjuk hozzá a lime levét, a tejfölt, a vaníliát és a lime héját a krémsajtos keverékhez. Addig verjük, amíg össze nem áll. Adjuk hozzá a tojást; addig keverjük, amíg össze nem áll. Ne keverje túl.
A sajttorta tésztáját egyenlő arányban osztjuk el az üvegek között. Finoman ütögesse az üvegeket a pulthoz, hogy a nagy légbuborékok kiszabaduljanak.
Adja hozzá a vizet a belső edény aljához.
Helyezzen egy szegélyt az edénybe. Helyezze a megtöltött üvegeket az edényre, ügyelve arra, hogy az üvegek oldala ne érjen egymáshoz vagy az edény oldalához. Öt kell elférnie a széleken, és legyen hely egy üvegnek a közepén. Enyhén helyezzen egy nagy darab fóliát az összes üvegre.
Zárja le és zárja le a fedelet, ügyelve arra, hogy a gőzkioldó gomb tömítő helyzetben legyen. Főzzük nagy nyomáson 4 percig. Amikor a főzési idő lejárt, hagyja a természetes felszabadulást 10 percig, majd állítsa a gombot légtelenítő helyzetbe, és engedje ki a maradék gőzt. Amikor az úszócsap leesik, nyissa ki a fedelet, és óvatosan nyissa ki. Nyomja meg a Mégse gombot. Távolítsa el a fóliát, és papírtörlővel óvatosan itasson fel minden páralecsapódást a sajttorták felületén. Hagyja hűlni a sajttortákat az edényben 30 percig, majd vegye ki egy hűtőrácsra, és hagyja hűlni, amíg el nem érik a szobahőmérsékletet. Fedjük le a sajttortákat műanyag fóliával, és tegyük a hűtőszekrénybe legalább 6-8 órára, lehetőleg egy éjszakára.
Tejszínhabbal és további lime héjjal díszítve tálaljuk.

Hozam: 6 darab sajttorta

89. Édes, fűszerezett almaszósz

ÖSSZETEVŐK

3 font (4 kg) válogatott alma, kimagozva és felnegyedelve
1 evőkanál (20 g) méz
1/4 csésze (60 ml) víz
11/2 evőkanál (10 g) őrölt fahéj
1/4 teáskanál őrölt szerecsendió
2 egész fahéjrúd

ÚTVONALAK

Helyezze az összes hozzávalót az elektromos gyorsfőző belső edényébe.
Zárja le és zárja le a fedelet, ügyelve arra, hogy a gőzkioldó gomb tömítő helyzetben legyen. Főzzük nagy nyomáson 5 percig. A főzési idő lejárta után hagyja, hogy teljesen természetes kiszabaduljon.
Távolítsa el a fahéjrudakat. Egy turmixgép segítségével pürésítse az almát a kívánt állagúra. Ha nem rendelkezik merülő turmixgéppel, használhat konyhai robotgépet vagy asztali turmixgépet. Ügyeljen arra, hogy adagonként turmixolja, mert az almaszósz nagyon forró lesz!
Hagyjuk kihűlni és tálaljuk!

Hozam: 8 csésze (1960 g)

90. Dupla csokis fudge sajttorta

ÖSSZETEVŐK
A KÉGÉRT
1 (1 uncia vagy 171 g) doboz csokis keksz
1 evőkanál (12 g) kristálycukor
1/4 teáskanál só
2 evőkanál (28 g) sótlan vaj, olvasztott
A SAJTTORTÁHOZ
11/4 csésze (219 g) félédes csokoládé chips
1 font (454 g) krémsajt szobahőmérsékleten
3/4 csésze (144 g) kristálycukor
3 nagy tojás, szobahőmérsékleten
1/4 csésze (60 g) tejföl
2 teáskanál (10 ml) vanília kivonat
11/2 csésze (355 ml) víz
Cukrászcukor, porozáshoz

ÚTVONALAK
KÉREG
Permetezzen be egy 7 x 3 hüvelykes (18 x 6 cm) rugós tepsit tapadásmentes főzőpermettel. Vágjon a tepsi aljával egyforma méretű pergamenkört, és helyezze a serpenyőbe. Pergamen pergamen. Félretesz, mellőz.
Helyezze a sütiket a robotgép táljába, és addig pörgesse, amíg durva homokra nem hasonlít. A süteménymorzsát egy közepes tálba öntjük, majd hozzáadjuk a cukrot és a sót. Keverjük össze. Adjuk hozzá az olvasztott vajat, és addig keverjük, amíg a keverék össze nem tapad.
Óvatosan nyomkodjuk egyenletesen a morzsát az előkészített serpenyő aljára. Használja az ujjait vagy egy lapos fenekű poharat, hogy a héjat a helyére nyomja. Tedd a héjat a fagyasztóba, amíg elkészíted a tölteléket.
SAJTTORTA
Egy közepes, mikrohullámú sütőben használható tálban olvasszuk fel a csokoládédarabkákat nagy teljesítményen, 30 másodpercenként keverve, amíg sima és teljesen fel nem olvad. Hagyjuk kissé kihűlni.
Egy állványmixer táljában a krémsajtot simára verjük. Adjuk hozzá a 3/4 csésze (144 g) kristálycukrot, és verjük tovább. Adjuk hozzá a tojásokat egyenként, verjük 1 percig, és minden hozzáadás után kaparjuk le az edény oldalát. Keverjük hozzá a tejfölt és a vaníliát, amíg teljesen el nem keveredik.
Alacsony fordulatszámon a mixerrel lassan hozzáadjuk a kihűlt olvasztott csokoládét. Keverjük össze teljesen.
Öntsük a tölteléket az előkészített héjba.
Koppintson az edényre a pultra a légbuborékok eltávolításához. Helyezzen egy kavicsot a kukta belső edényének aljába, és öntse hozzá a vizet.

Csomagolja be szorosan a rugós tepsi alját alufóliába. Enyhén permetezzen be egy darab fóliát tapadásmentes főzőpermettel, és helyezze (permetezett oldalával lefelé) a sajttortára. Egy fóliaheveder segítségével engedje le az edényt a tálcára.
Zárja le és zárja le a fedelet, ügyelve arra, hogy a gőzkioldó gomb tömítő helyzetben legyen. Főzzük nagy nyomáson 56 percig. Ha kész, használjon gyorskioldót úgy, hogy a kioldó gombot szellőztető helyzetbe forgatja, és engedje ki az összes gőzt. Amikor az úszócsap leesik, nyissa ki a fedelet, és óvatosan nyissa ki. Nyomja meg a Mégse gombot.
A fóliaheveder segítségével óvatosan helyezze át a sajttortát egy huzalos hűtőrácsra. 1 óra elteltével távolítsa el a fóliát, és egy vékony késsel körbefutja a sajttorta széleit, hogy lazítsa ki a tepsiből.
Fedjük le műanyag fóliával, és tegyük hűtőszekrénybe legalább 8 órára, vagy egy éjszakára, amíg teljesen megszilárdul.
Vágjuk 8 szeletre, és cukrászcukorral szórjuk meg a tetejét.

Hozam: 8 szelet

91. Mexikói csokoládé torta

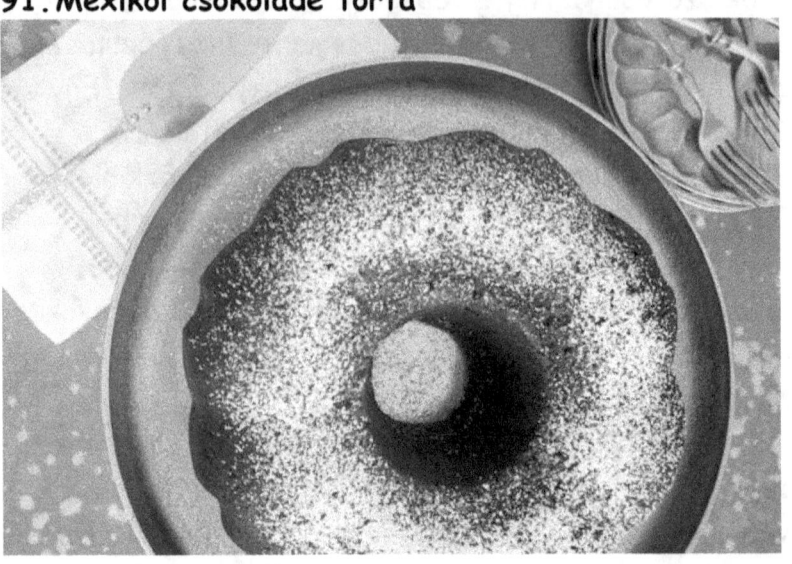

ÖSSZETEVŐK

11/2 csésze (355 ml) víz
11/3 csésze (160 g) Univerzális gluténmentes
1 csésze (175 g) félédes csokoládé lisztkeverék
chips, osztva
1/2 teáskanál szódabikarbóna
1/4 csésze (56 g) sózatlan vaj, lágyított
1 evőkanál (7 g) őrölt fahéj
1 csésze (192 g) cukor 1/4 teáskanál só
2 nagy tojás, szobahőmérsékleten
1/2 csésze (120 ml) író, osztva
1/3 csésze (80 ml) csokoládészirup
2 evőkanál (30 ml) tejszín
1 evőkanál (15 ml) gluténmentes vanília kivonat

ÚTVONALAK

Öntse a vizet a kukta belső edényébe. Adjunk hozzá egy szegélyt az edényhez. Permetezzen be egy 7 x 3 hüvelykes (18 x 6 cm) rugós tepsit tapadásmentes főzőpermettel. Félretesz, mellőz.

Helyezzen 2/3 csésze (115 g) csokoládédarabkákat egy mikrohullámú sütőben használható tálba. Nagy teljesítményen, 30 másodperces időközönként süsse a mikrohullámú sütőt, amíg a csokoládé el nem olvad és sima, minden alkalommal alaposan keverje meg. Félretesz, mellőz.

Egy állványos mixer edényében keverje habosra a vajat és a cukrot 6 percig, vagy amíg a keverék világos és bolyhos nem lesz. Egyenként hozzáadjuk a tojásokat, minden hozzáadás után jól felverve. Adjuk hozzá a csokoládészirupot, a vaníliát és az olvasztott csokireszeléket, és addig verjük, amíg jól el nem keveredik.

Egy közepes tálban keverje össze a lisztkeveréket, a szódabikarbónát, a fahéjat és a sót. A mixerrel alacsony fordulatszámon adjuk hozzá a lisztkeverék felét a csokoládés masszához, jól keverjük össze. Adjunk hozzá 1/4 csésze (60 ml) írót, és keverjük össze. Hozzáadjuk a maradék lisztkeveréket, majd a maradék írót, és alacsony sebességgel verjük tovább, amíg a keverék össze nem áll.

Öntse a tésztát az előkészített tepsibe. Fújja be az alufólia egyik oldalát tapadásmentes főzőspray-vel, és fedje le a tortát (permetezett oldalával lefelé), és a széleit préselje össze. Egy fóliaheveder segítségével engedje le a süteményt a gyorsfőző edényében. Zárja le és zárja le a fedelet, ügyelve arra, hogy a gőzkioldó gomb tömítő helyzetben legyen. Főzzük nagy nyomáson 55 percig. Amikor a főzési idő lejárt, hagyjon 10 percet természetes kiengedni, majd forgassa a gombot szellőztető helyzetbe, és engedje el a maradék gőzt. Amikor az úszócsap leesik, nyissa ki a fedelet, és óvatosan nyissa ki.

A fóliaheveder segítségével emeljük ki a tortát az edényből, és tegyük rácsra a hűtőrácsra. A tetejéről levesszük a fóliát és 10 percig hagyjuk hűlni a tortát. Egy keskeny spatula vagy egy vékony kés segítségével óvatosan lazítsa meg a tortát a tepsi oldalairól, és fordítsa rá a hűtőrácsra. Hagyjuk teljesen kihűlni. Miután a torta kihűlt, elkészítjük a mázat. A maradék 1/3 csésze (60 g) csokoládédarabkákat mikrohullámú sütőben használható edényben, nagy teljesítményen, 2 percig, 30 másodpercenként keverve süsse simára. Adja hozzá a tejszínt, és süsse be a mikrohullámú sütőt további 15 másodpercig, vagy amíg át nem melegszik. Keverjük simára és fényesre. A mázat rákenjük a tortára. Tálalás előtt hagyja állni a tortát további 30 perctől 1 óráig, hogy a máz megdermedjen.

Kitermelés: 8 adag

92. Csokoládé, narancs és olívaolaj nmini lávatorta

1 LÁVA TORTÁT SZOLGÁL

ÖSSZETEVŐK

4 evőkanál (60 ml) univerzális liszt
¼ teáskanál (1 ml) fűszer (narancshéj)
4 evőkanál (60 ml) cukor
1 csipet só
1 evőkanál (15 ml) keserű kakaópor ½ teáskanál (3 ml) sütőpor
1 közepes tojás
4 evőkanál (60 ml) tej
2 evőkanál (30 ml) extra szűz olívaolaj

Állítsa be a gyorsfőzőt úgy, hogy megtölti egy csésze vízzel, és a párolókosarat (vagy a párolókosarat és az edényt), és tegye félre.
Készítse elő a csészét úgy, hogy a belsejét a felső széléig megkenje egy réteg olívaolajjal, és tegye félre.
Egy mérőedénybe beletesszük a lisztet, a narancshéjat (vagy a kívánt fűszert), a cukrot, a sót a kakaót és a sütőport, majd villával összedolgozzuk. Ezután hozzáadjuk a tojást, a tejet, az olívaolajat, és erőteljesen keverjük, amíg homogén minitorta tésztát nem kapunk. Öntsük bögrébe. (minden külön lépés egy másik oldalon)
Helyezze a fedetlen csészét a gyorsfőző edénybe. Ha egynél több csészét készít, helyezze el úgy, hogy mindegyik egyenes legyen, és ne érjen hozzá a kukta belsejéhez.
Zárja le és zárja le a gyorsfőző fedelét, és állítsa a hőt magasra. Amikor a serpenyő eléri a nyomást, állítsa alacsonyra a hőt, és számoljon 10-15 percnyi főzési időt magas nyomáson (kevesebbet főzze, ha ragacsos, süteményszerű tetejű, többet, ha szilárd sütemény állagú lesz).
Ha lejár az idő, engedje el a nyomást.
Nyissa fel a tetejét, és sütőkesztyűvel letakart kézzel vegye ki az edényből, és csészealjra tálalva, egy teáskanál segítségével azonnal tálalja a ragacsos közepére – tovább fog főzni, így ha pihentetjük, a belseje megszilárdul.

93. Piña colada rizspuding

ÖSSZETEVŐK

1 csésze (250 ml) Arborio rizs
1 ½ csésze (375 ml) víz
1 evőkanál (15 ml) kókuszolaj
¼ teáskanál (1 ml) só
1 (14 oz) doboz kókusztej
½ csésze (125 ml) cukor
2 tojás
½ csésze (125 ml) tej
½ teáskanál (3 ml) vanília kivonat
1 (8 oz) doboz ananász összetörve, jól lecsepegve és félbevágva

Az Instant Potban keverje össze a rizst, a vizet, az olajat és a sót. Zárja le a fedelet, és válassza a Magas nyomás és a 3 perces főzési időt.

Amikor sípoló hang hallatszik, kapcsolja ki a kuktát, és használjon természetes nyomásoldót 10 percig. 10 perc elteltével gyors nyomásoldással engedje el a maradék nyomást.

Adjunk hozzá kókusztejet és cukrot a rizshez egy nagynyomású főzőedényben; keverjük össze.

Egy kis keverőtálban habosra keverjük a tojásokat a tejjel és a vaníliával. Finom hálószűrőn keresztül öntsük a nyomás alatti főzőedénybe.

Válassza a párolást, és folytonos keverés mellett addig főzzük, amíg a keverék éppen forrni nem kezd. Kapcsolja ki a gyorsfőzőt. Keverje hozzá az ananász finomságokat.

A tálalóedényekbe öntjük és lehűtjük. A puding hűlés közben besűrűsödik.

Tejszínhabbal, pirított kókuszreszelékkel és kívánság szerint maraschino cseresznyével tálaljuk. Élvezd!

94. Krémes brûlée

6-10
ÖSSZETEVŐK
2 csésze (500 ml) friss tejszín
6 tojássárgája
5 evőkanál (75 ml) fehér cukor
1 fahéjrúd vagy 1 teáskanál (5 ml) fahéjpor
1 narancs, meghámozva

KÖRETÉSÉHEZ:
Kevés szerecsendió forgács
4 evőkanál (60 ml) nyers (demarara) cukor a karamellizáláshoz

Kezdje azzal, hogy a tejszínt, a citrushéjat és a fahéjrudat alacsony lángon felmelegítjük egy kis serpenyőben, és időnként megkeverjük. Amikor a tejszín forrni kezd (habzik), kapcsolja le a tüzet, és hagyja, hogy a hozzávalók összeérjenek (kb. 30 perc).

Addig is készítse elő gyorsfőző edényét két csésze víz és egy párolókosár hozzáadásával. Félretesz, mellőz.

Egy keverőtálba adjuk hozzá a tojássárgáját és a cukrot, keverjük addig, amíg a cukor feloldódik.

Majd ha a tejszín szobahőmérsékletűre hűlt (sem meleg, sem hideg, ha beledugjuk az ujjunkat) hozzáadjuk a sárgáját, és a habverővel csak annyit keverünk, hogy minden jól összekeveredjen (ne habverővel).

Ezután a keveréket szűrőn keresztül lassan öntsük egy kifolyós edénybe (ha van ilyen, akkor könnyebben kiöntjük a keveréket a csészékbe vagy ramekinekbe).

Öntsük a keveréket ramekinekbe, fedjük le szorosan alufóliával, és helyezzük el a párolókosárban úgy, hogy mindenki egyenesen üljön (különben ferde átlós krémet kapunk).

Ha van még némi függőleges helyed és extra csészéked, akkor a további csészéket egymásra rakhatod egy második rétegben. Zárja be és zárja le a kuktát. Tekerje fel a hőt magasra, és számítson ki 8 perc főzési időt a sütőlapokhoz, és csak 5 perc főzési időt a presszócsészékhez ALACSONY nyomáson (az idő a felhasznált ramekin méretétől és anyagától függően változik). Ha lejár az idő, nyissa ki a gyorsfőzőt a Natural Release utasítások szerint – helyezze a tűzhelyet hideg égőre, és ne csináljon semmit. Várja meg, amíg a nyomás természetesen csökken (kb. 10 perc). Elektromos gyorsfőző főzőlapok esetén kapcsolja ki vagy húzza ki a tűzhelyet a "melegen tartás" ciklus kikapcsolásához, és számoljon 10 percet, majd engedje el a maradék nyomást a szelep segítségével.

Nyissa ki a gyorsfőzőt, és óvatosan emelje ki a pudingot. Nyissa ki az elsőt, és mozgassa egy kicsit. Majdnem szilárdnak kell lennie, de nem folyékonynak (ez azt jelenti, hogy megszilárdultak) – lehűtve tovább szilárdulnak. Ha még mindig nagyon folyékonyak, nyomás alatt főzzük további 5 percig a fent leírt módon.

1 Távolítsa el a pudingot, és fedetlenül hagyja hűlni körülbelül 30-45 percig.

1 Ha a puding kihűlt, fedje le műanyag fóliával, és tegye be a hűtőszekrénybe 3-4 órára vagy egy éjszakára.

Tálalás előtt vegyük ki a pudingot a hűtőből, reszeljünk rá egy kevés szerecsendiót, és szórjuk meg vékony, egyenletes cukorréteggel a puding tetejét.

Ezután vagy olvasszuk fel a cukrot konyhai fáklyával, vagy csúsztassuk a brojler alá a sütőben, hogy a cukor megolvadjon és karamellizálódjon.

95. Málnás sajttorta

ÖSSZETEVŐK

1 csésze (250 ml) zúzott Oreo süteménymorzsa (12 Oreo)
2 evőkanál (30 ml) vaj, olvasztott
TÖLTŐ:
16 oz krémsajt (szobahőmérsékletű) $\frac{1}{4}$ csésze (50 ml) cukor
$\frac{1}{2}$ csésze (125 ml) mag nélküli málnalekvár $\frac{1}{4}$ csésze (50 ml) tejföl
1 evőkanál (15 ml) univerzális liszt
2 tojás (szobahőmérsékletű) Felöntés:
3/4 csésze (6 oz.) tejcsokoládé, apróra vágva
⅓csésze (75 ml) kemény tejszín Friss málna, díszítéshez

Készítsen elő egy 7 hüvelykes rugós formát úgy, hogy bevonja tapadásmentes spray-vel. Kívánság szerint béleljük ki sütőpapírral.
Egy kis tálban keverjük össze az Oreo süteménymorzsát és a vajat. Egyenletesen oszlassuk el a serpenyő alján és 1 hüvelykkel feljebb az oldalán. Tedd a fagyasztóba 10 percre.
Egy keverőtálban keverjük simára a krémsajtot és a cukrot közepes sebességgel. Belekeverjük a lekvárt, a tejfölt és a lisztet.
Egyenként keverjük hozzá a tojásokat, amíg el nem keveredik; ne keverjük túl. Öntsük a tésztát a rugós formába a tészta tetejére.
Öntsön 1 csésze vizet a nagynyomású főzőedénybe, és helyezze az alátét aljára. Óvatosan helyezze középre a megtöltött serpenyőt egy fóliahevederre, és engedje le a nagynyomású főzőedénybe. Hajtsa le a fóliapántot, hogy ne zavarja a fedél zárását.

Rögzítse a fedelet a helyére. Válassza a Magas nyomás lehetőséget, és állítsa be az időzítőt 25 percre. Amikor hangjelzés hallható, kapcsolja ki a gyorsfőzőt. használjon természetes nyomásoldást 10 percig, majd végezzen gyors nyomásoldást a maradék nyomás feloldásához. Amikor a szelep leesik, óvatosan vegye le a fedelet.
Vegye ki a sajttortát, és ellenőrizze, hogy a sajttorta közepe megsült-e. Ha nem, főzzük a sajttortát további 5 percig. Egy papírtörlő sarkával itassuk fel a sajttorta tetején lévő vizet. Távolítsa el a rugós formát egy rácsra hűlni. Amikor a sajttorta kihűlt, hűtőbe tesszük műanyag fóliával letakarva legalább 4 órára vagy egy éjszakára.
Amikor a sajttorta kihűlt, elkészítjük a feltétet.

ELKÉSZÍTSÜK A FELTÉT

Tegye a csokoládé felét egy keverőtálba. A tejszínt közepes lángon felforraljuk. A tűzről levéve azonnal csokoládéra öntjük a tejszínt, és addig keverjük, amíg a csokoládé teljesen fel nem olvad.
Adjuk hozzá a maradék csokoládét, és addig keverjük, amíg a csokoládé teljesen fel nem olvad. Hűtsük addig, amíg a ganache besűrűsödik, de még mindig elég vékony ahhoz, hogy lecsepegjen a sajttorta oldaláról.
A csokoládé ganache-t a sajttorta tetejére kanalazzuk, szétterítjük a széleken, és hagyjuk, hogy a ganache lecsepegjen az oldalán. A tetejét málnával díszítjük. Tálalásig hűtőbe tesszük.

96. Vörösborral párolt körte

6 KÖRTÉT ALKAL

ÖSSZETEVŐK

6 kemény körte, meghámozva
1 üveg vörösbor - száraz, fanyar, csersavas vörösbor (például Sangiovese vagy Barbaresco)
1 babérlevél
4 szegfűszeg (fűszer)
1 rúd vagy 1 teáskanál (5 ml) fahéj
1 teáskanál (5 ml) gyömbér vagy 1 darab friss gyömbér
2 csésze (500 ml) cukor
1 csokor fűszernövény a díszítéshez, zsálya, menta, oregánó vagy bazsalikom (elhagyható)

Hámozzuk meg a körtéket, de hagyjuk a szárát csatolva. Öntse az üveg bort a gyorsfőző edénybe.
Adjuk hozzá a babérlevelet, a szegfűszeget, a fahéjat, a gyömbért és a cukrot. Jól keverjük össze, hogy feloldódjon.
Adja hozzá a körtét a gyorsfőző edényhez, majd zárja le és zárja le a fedelet.
Kapcsolja magasra a hőt, és amikor a serpenyő eléri a nyomást, csökkentse a hőt a minimumra, és kezdje el számolni az 5-7 perces főzési időt magas nyomáson.
Ha lejár az idő, nyissa ki a gyorsfőzőt a Természetes kioldási irányokkal - vegye le a tűzhelyet az égőről, és várja meg, amíg a nyomás magától csökken (kb. 10 perc). A főzési idő lejártakor számoljon 10 perc természetes nyitvatartási időt. Ezután lassan engedje el a maradék nyomást a szelep segítségével.
Óvatosan húzzuk ki a körtéket fogóval vagy két kanál segítségével.

Tegye félre a körtét, és tegye vissza a gyorsfőzőt a tűzre, fedő nélkül, hogy a főzőfolyadék az eredeti mennyiség harmadára csökkenjen.

A körtére szirupot csepegtetünk, fűszernövényekkel díszítjük, és szobahőmérsékleten vagy hűtve tálaljuk.

Ha előre elkészíti, hűtse le a körtét a főzőfolyékony szirupban.

97. Limoncello ricotta sajttorta üvegben

4. SZOLGÁLT

ÖSSZETEVŐK

4 uncia (125 g) keksz
2 evőkanál (30 ml) sótlan vaj (félig olvasztott és félig lágyított)
2 evőkanál (30 ml) citromhéj reszelve
6 uncia (170 g) ricotta, lecsepegtetve (szobahőmérsékleten)
8 uncia (225 g) krémsajt (szobahőmérsékletű)
⅓ csésze (75 ml) cukor
¼ csésze (50 ml) limoncello likőr (vagy citromlé)
1 evőkanál (15 ml) vanília kivonat (vagy 1 boríték vanillin)
2 nagy tojás, felvert (szobahőmérsékletű)
1 db mogyorós csokoládé, díszítéshez

Körülbelül egy órával azelőtt kezdje el a receptet, hogy úgy gondolja, hogy a tojást, a ricottát, a krémsajtot kihúzza a hűtőszekrényből, hogy szobahőmérsékletűre melegedjen. Készítse elő a gyorsfőzőt két csésze víz hozzáadásával, és tegye félre a párolókosár betétet.

Ezután fogjon egy négyzet alakú puha vajat, és dörzsölje körbe az üveg(ek) vagy a hőálló edény alját és széleit, majd tegye félre.

Egy kis serpenyőben felolvasztjuk a vajat. Az aprítógépben porítsd porrá a biscottit, öntsd bele az olvasztott vajat, és még utoljára turmixold össze.

Az ujjaival vagy egy kanállal nyomkodja a morzsákat az edény aljára, serpenyőben vagy formázzon legfeljebb ¼ hüvelyk vagy ½ cm vastagságú réteget.

Helyezze az edényt a hűtőszekrénybe, hogy a kéreg megszilárduljon, miközben folytatja a következő lépéseket.

Egy keverőtálban botmixerrel, vagy villával erőteljesen kevergetve törjük fel és keverjük össze a ricottát. Adjuk hozzá a krémsajtot és a cukrot. Apránként hozzáadjuk a limoncellót, a vaníliát és a citromhéjat. Ha minden összeállt, hozzáadjuk a felvert tojást. Az eredmény egy nagyon folyós palacsintatészta állaga lesz.

Vegye ki az üveget a hűtőszekrényből, és finoman öntse a sajtkeveréket a kéregre egy leveses merőkanálban, a leveses merőkanál csökkenti a kiömlést.

Fedjük le szorosan az üveget alufóliával, és tegyük a gyorsfőzőbe.

Zárja le és zárja le a kukta fedelét. Tekerje fel a hőt magasra, és amikor a tűzhely eléri a nyomást, csökkentse a hőt a tűzhely által a nyomás fenntartásához szükséges minimumra. 15-20 percig főzzük nagy nyomáson.

KÖVETKEZTETÉS

Az Instant Pot egy hihetetlenül sokoldalú készülék – de egy kicsit félelmetes is lehet. Olvassa el ezt az elektromos gyorsfőző szakácskönyvet útmutatásért és egyszerű, ízletes receptekért, amelyek lecsökkentik a főzést, és profi módon párolják, forralják, lassú főzést és párolást kapnak.

www.ingramcontent.com/pod-product-compliance
Lightning Source LLC
LaVergne TN
LVHW021654060526
838200LV00050B/2343